Ihmiskunnan Liittolaiset

◆

ENSIMMÄINEN KIRJA

Ihmiskunnan Liittolaiset

◆

ENSIMMÄINEN KIRJA

◆

KIIREELLINEN VIESTI
Maan ulkopuolisten läsnäolosta
maailmassa tänään

Marshall Vian Summers

TUTUSTU MYÖS:
*STEPS TO KNOWLEDGE: The Book of Inner
Knowing*

IHMISKUNNAN LIITTOLAISET, ENSIMMÄINEN KIRJA: Kiireellinen viesti maan ulkopuolisten läsnäolosta maailmassa tänään

Alkuteoksen toimittaja: Darlene Mitchell

Kirjan ulkoasu: Argent Associates, Boulder, CO, USA

Kannen kuva: Reed Novar Summers
"Minulle kansikuva edustaa meitä Maassa ja musta kehä symboloi Maan ulkopuolisten läsnäoloa maailmassa tänään ja valo sen takana paljastaa tämän näkymättömän läsnäolon, jota muutoin emme voisi havaita. Tähti, joka valaisee Maata edustaa Ihmiskunnan Liittolaisia antamassa meille uutta viestiä ja uutta näkökulmaa Maan suhteesta Suuryhteisöön."

ISBN: 978-1-884238-45-1 *THE ALLIES OF HUMANITY BOOK ONE: An Urgent Message about the Extraterrestrial Presence in the World Today*

NKL POD / eBook Version 4.5

Kongressin kirjaston kontrollinumero: 2001 130786

Käännös perustuu 2. painokseen kirjasta *The Allies of Humanity Book One.*

ALKUTEOS JULKAISTU ENGLANNIN KIELELLÄ

PUBLISHER'S CATALOGING-IN-PUBLICATION

Summers, Marshall.
    The allies of humanity book one : an urgent message about the extraterrestrial presence in the world today / M.V. Summers
    p. cm.
    978-1-884238-45-1 (English print)   001.942
    978-1-942293-19-4 (Finnish print)
    978-1-884238-46-8 (English ebook)
    978-1-942293-20-0 (Finnish ebook)
                                                QB101-700606

New Knowledge Library -kirjojen julkaisija on The Society for The Greater Community Way of Knowledge. Society on voittoa tuottamaton organisaatio, joka on omistautunut julkaisemaan Suuryhteisön Tietouden Tietä.

Saadaksesi lisätietoa Societyn äänitteistä, koulutusohjelmista sekä palveluista, käy www-sivuilla tai kirjoita:

THE SOCIETY FOR THE GREATER COMMUNITY WAY OF KNOWLEDGE
P.O. Box 1724   •   Boulder, CO 80306-1724   •   USA   •   (303) 938-8401
society@newmessage.org
www.alliesofhumanity.org/fi   www.newmessage.org/fi

Omistettu maailmanhistorian

suurille vapausliikkeille –

tunnetuille ja tuntemattomille.

SISÄLLYSLUETTELO

Neljä perustavanlaatuista kysymystä Maan
ulkopuolisten läsnäolosta maailmassa tänään:

Mitä on tapahtumassa?

Miksi se on tapahtumassa?

Mitä se tarkoittaa?

Miten voimme valmistautua?

On jo riittävän harvinaista löytää kirja, joka muuttaa jonkun elämän, mutta huomattavasti epätavallisempaa on löytää teos, jolla on potentiaalia vaikuttaa ihmiskunnan historiaan.

Lähes 40 vuotta sitten, ennen kuin oli olemassa ympäristöliikettä, rohkea nainen kirjoitti erittäin provokatiivisen ja kiistanalaisen kirjan, joka muutti historian kulun. Rachel Carsonin *Silent Spring* (suom. *Äänetön Kevät*) synnytti maailmanlaajuisen tietoisuuden ympäristön saastumisen vaaroista ja sytytti aktivismin, joka on säilynyt tähän päivään asti. Julistaessaan ensimmäisten joukossa julkisesti hyönteismyrkkyjen ja kemikaalien olevan uhka kaikelle elämälle, Carsonia aluksi vähäteltiin ja pilkattiin, jopa monien hänen kollegoidensa toimesta, mutta lopulta häntä pidettiin yhtenä 20. vuosisadan tärkeimpänä äänenä. *Äänetön Kevät* -teos nähdään laajasti edelleen ympäristönsuojeluliikkeen kulmakivenä.

Tänä päivänä ennen vallitsevaa tietoisuutta meneillään olevasta maapallon ulkopuolisten tunkeutumisesta keskuuteemme on yhtälailla rohkea mies – aiemmin piilossa ollut henkinen opettaja – astunut esiin kantaen merkittävän ja järkyttävän viestinnän planeettamme ulkopuolelta. *Ihmiskunnan Liittolaiset* -kirjan myötä on Marshall

Vian Summers aikamme ensimmäinen henkinen johtaja, joka yksiselitteisesti julistaa avaruusolentojen kutsumattoman läsnäolon ja salakavalan toiminnan muodostavan merkitsevän uhkan ihmisten vapaudelle.

Vaikka Summers joutuu varmasti kohtaamaan aluksi ivaa ja halventavaa kohtelua Carsonin tapaan, saatetaan hänet lopulta tunnustaa yhdeksi maailman tärkeimmäksi ääneksi koskien Maan ulkopuolista älyä, ihmisen henkisyyttä ja tietoisuuden evoluutiota. Samalla tavoin *Ihmiskunnan Liittolaiset* voi osoittautua käänteentekeväksi jopa varmistamaan tulevaisuutemme lajina – ei vain herättämään meitä avaruuden muukalaisten hiljaisen valloituksen mittaviin haasteisiin, vaan myös sytyttämään meissä ennennäkemätöntä vastarinnan ja voimaantumisen liikehdintää.

Vaikka tämän tulenaralla tavalla kiistanalaisen materiaalin alkuperän olosuhteet saattavat olla ongelmallisia joillekin, vaativat sen edustama näkökulma ja sen välittämä kiireellinen viesti meiltä syvällisintä pohdintaa ja peräänantamatonta vastakaikua. Silloin tulemme vakuuttuneeksi siitä, että UFO-ilmiöiden ja vastaavien lisääntyvä esiintyminen on oire hienovaraisesta ja tähän asti ilman vastarintaa tapahtuneesta väliintulosta maapallon ulkopuolisten voimien toimesta – voimien, joiden tavoitteena on käyttää Maan luonnonvaroja puhtaasti omaksi hyödykseen.

Miten reagoimme asianmukaisesti tällaiseen levottomuutta herättävään ja järkyttävään väitteeseen? Sivuutammeko vai hylkäämmekö tämän siltä seisomalta, kuten moni Carsonin arvostelijoista teki? Vai aiommeko selvittää ja yrittää ymmärtää, mitä tässä itseasiassa tarjotaan?

Jos päädymme tutkimaan ja ymmärtämään, löydämme seuraavaa: perusteellinen katsaus viime vuosikymmenten maailmanlaajuiseen UFO-tutkimukseen ja muihin maapallon ulkopuolisiin ilmiöihin (mm. avaruuden muukalaisten tekemät sieppaukset ja implantit, eläinten ja ihmisten silpomiset ja jopa psykologiset "riivaukset") tuottaa runsaan todistusaineiston Liittolaisten näkökulmalle. Todellakin Liittolaisten viesteissä oleva tieto selventää yllättävällä tavalla niitä kysymyksiä, jotka ovat askarruttaneet alan tutkijoita vuosia, ja joihin liittyvä näyttö on ollut mystistä mutta jatkuvaa.

Kun olemme tutkineet näitä asioita ja saaneet itsemme vakuuttuneeksi siitä, että Liittolaisten viesti ei ole vain uskottava, vaan sille on vahvaa näyttöä, mitä sitten? Syvällisempi pohdintamme vie vääjäämättä siihen johtopäätökseen, että nykytilanne muistuttaa merkittäväksi eurooppalaisen "sivilisaation" tunkeutumista Amerikan mantereille 1400-luvulla, jolloin alkuperäisasukkaat eivät kyenneet käsittämään eivätkä reagoimaan riittävästi heidän rannikoillaan vierailevien joukkojen monimutkaisuuteen ja vaarallisuuteen. "Vierailijat" tulivat Jumalan nimissä, esittelivät vaikuttavaa teknologiaansa ja vakuuttivat tuovansa mukanaan edistyneemmän ja sivistyneemmän elämäntavan. (On tärkeätä huomata, että eurooppalaiset maahantunkeutujat eivät olleet "pahan ruumiillistumia" vaan ainoastaan opportunisteja, jotka jättivät jälkeensä tahattoman hävityksen perinnön.)

Tässä on asian ydin. Radikaali ja laajamittainen vapauksien polkeminen, jota Amerikan alkuperäiskansat joutuivat sittemmin kokemaan, mukaanlukien heidän väestönsä nopea joukkotuho, ei vain ole suunnaton ihmistragedia, vaan myös vahva käytännön opetus nykyisessä tilanteessamme. Tällä kertaa olemme kaikki tämän maailman alkuperäisasukkaita, ja ellemme kollektiivisesti kokoa luovempaa ja yhtenäisempää vastusta, voimme kärsiä samankaltaisen kohtalon. Tämä on juuri se oivallus, mitä *Ihmiskunnan Liittolaiset* kiirehtivät.

Kuitenkin tämä on kirja, joka voi muuttaa elämämme, sillä se aktivoi syvemmän sisäisen kutsumuksen, joka muistuttaa meitä tarkoituksestamme olla elossa juuri tässä ihmiskunnan historian vaiheessa ja tuo meidät kasvotusten, ei sen vähemmän kuin, oman kohtalomme kanssa. Tässä kohtaa joudumme kohtaamaan kaikkein epämukavimman oivalluksen: ihmiskunnan tulevaisuus voi hyvinkin riippua siitä, miten me reagoimme tähän viestiin.

Vaikka *Ihmiskunnan Liittolaiset* ovat syvästi varoittavia, tässä ei herätellä pelkoa tai "tuomiopäivän" ajatuksia. Sen sijaan viesti tarjoaa poikkeuksellista toivoa tilanteessa, joka on erittäin vaarallinen ja vaikea. Ilmiselvä aikomus on säilyttää ja vahvistaa ihmiskunnan vapaus ja jouduttaa yksilökohtaista ja kollektiivista vastetta muukalaisten väliintulolle.

Osuvasti Rachel Carson itse aikoinaan profeetallisesti tunnisti sen ydinongelman, joka hidastaa kykyämme reagoida tämänhetkiseen kriisiin. Hän sanoi: "Emme ole vielä tulleet tarpeeksi kypsiksi näkemään itsemme vain pienenä osana tätä suunnatonta ja uskomatonta universumia." Selvästikin meillä on ollut jo kauan tarve uudelle ymmärrykselle itsestämme, paikastamme kosmoksessa ja elämästä Suuryhteisössä (suurempi henkinen ja fyysinen universumi, johon olemme astumassa). Onneksi *Ihmiskunnan Liittolaiset* toimii porttina yllättävän laajaan kokonaisuuteen hengellisiä opetuksia ja käytäntöjä, jotka kantavat lupausta juurruttaa meihin tarvittava kypsyys lajina, jonka näkökulma ei ole pelkästään maakeskeinen tai ihmiskeskeinen, vaan jonka juuret sen sijaan ovat vanhemmissa, syvällisemmissä ja universaalimmissa traditioissa.

Pohjimmiltaan *Ihmiskunnan Liittolaisten* viesti haastaa lähes kaikki meidän keskeiset käsityksemme todellisuudesta, antaen samanaikaisesti meille suurimman edistymisen mahdollisuutemme ja suurimman selviytymishaasteemme. Vaikka tämänhetkinen kriisi uhkaa meidän itsemääräämisoikeuttamme lajina, se voi myös tuoda tullessaan sen kauan kaivatun perustan, jonka päälle voimme rakentaa yhtenäisen ihmisrodun – mikä olisi lähes mahdottomuus ilman tätä laajempaa kontekstia. *Ihmiskunnan Liittolaisten* tarjoamalla näkökulmalla ja Summersin edustamalla laajemmalla opetuskokonaisuudella meille annetaan sekä peruste että inspiraatio liittyä yhteen syvemmässä ymmärryksessä palvelemaan ihmiskunnan evoluutiota.

◆

Time Magazine -lehden raportissa "20. vuosisadan 100 vaikutusvaltaisinta ääntä" Peter Matthiessen kirjoitti Rachel Carsonista: "Ennen kuin ympäristöliike oli olemassa, oli yksi urhoollinen nainen ja hänen erittäin rohkea kirjansa." Joitakin vuosia tästä eteenpäin voimme ehkä sanoa samalla tavoin Marshall Vian Summersista: "Ennen kuin oli olemassa ihmiskunnan vapausliike vastustamassa Maan ulkopuolisten väliintuloa, oli yksi urhoollinen mies ja hänen erittäin rohkea viestinsä, Ihmiskunnan

Liittolaiset." Tällä kertaa olkoon vasteemme pikaisempi, päättäväisempi ja yhtenäisempi.

— Michael Brownlee

Toimittaja

LUKIJALLE

*I*hmiskunnan *Liittolaiset* on annettu valmistamaan ihmisiä täysin uuteen todellisuuteen, joka on valtaosin piilossa ja tunnistamaton maailmassa tänään. Se tarjoaa uuden näkökulman, joka voimaannuttaa ihmisiä kohtaamaan suurimman haasteen ja mahdollisuuden, jonka olemme rotuna ikinä kohdanneet. Liittolaisten Tiedonannot sisältävät lukuisia kriittisiä ellei jopa hälyttäviä lausuntoja lisääntyvästä maapallon ulkopuolisten interventiosta ja integraatiosta ihmisrotuun sekä muukalaisten aktiviteeteista ja salaisesta agendasta. Liittolaisten Tiedonantojen tarkoituksena ei ole tarjota kiistatonta todistusaineistoa muukalaisten vierailujen todellisuudesta maailmassamme, mikä on jo hyvin dokumentoitu monissa muissa tätä aihetta käsittelevissä hienoissa kirjoissa ja tutkimusraporteissa. Liittolaisten Tiedonantojen tarkoituksena on käsitellä tämän ilmiön dramaattisia ja kauaskantoisia seurauksia, kyseenalaistaa siihen liittyviä inhimillisiä taipumuksiamme ja oletuksiamme sekä antaa ihmissuvulle hälytys meitä nyt kohtaavasta suuresta kynnyksestä. Liittolaisten Tiedonannot tarjoavat pilkahduksen älyllisen elämän todellisuuteen maailmankaikkeudessa ja siihen mitä Kontakti todella merkitsee. Monille lukijoille Ihmiskunnan Liittolaisten paljastukset ovat täy-

xviii IHMISKUNNAN LIITTOLAISET ENSIMMÄINEN KIRJA

sin uusia. Toisille ne ovat vahvistus asioista, joita he ovat jo pit-
kään tunteneet ja tienneet.

Vaikka tämä kirja tuo kiireellisen viestin, se kertoo myös siir-
tymisestä kohti korkeampaa tietoisuutta nimeltä "Tietous" (engl.
Knowledge), joka sisältää laajemman ihmisten ja rotujen välisen
telepaattisen tilan. Tämä huomioiden Liittolaisten Tiedonannot
lähetettiin kirjan kirjoittajalle Marshall Vian Summersille moni-
rotuiselta maapallon ulkopuoliselta ryhmältä, joka kutsuu itse-
ään "Ihmiskunnan Liittolaisiksi" (engl. Allies of Humanity). He
kuvailevat itseään fyysisiksi toisista maailmoista tuleviksi olen-
noiksi, jotka ovat kokoontuneet aurinkokuntaamme lähelle maa-
palloa tarkkaillakseen niiden avaruuden muukalaisten kommu-
nikaatiota ja aktiviteetteja, jotka ovat maailmassamme sekaan-
tumassa ihmiskunnan asioihin. He korostavat, että he itse eivät
ole fyysisesti läsnä maailmassamme ja että he ovat tarjoamassa
meille tarvittavaa viisautta, eivät teknologiaa tai väliintuloa.

Ihmiskunnan Liittolaisten Tiedonannot annettiin Marshall
Vian Summersille yhden vuoden kuluessa. Ne tarjoavat näkökul-
man ja näkymän monimutkaiseen aiheeseen, joka vuosikymme-
niä kestäneestä todistusaineiston kertymisestä huolimatta edel-
leen askarruttaa tutkijoita. Kuitenkaan tämä näkökulma ei ole
romanttinen, spekulatiivinen eikä idealistinen. Päinvastoin se on
suorasukaisen realistinen ja vailla kompromisseja aina siihen
pisteeseen asti, että se voi olla melko haasteellinen jopa aihealu-
eeseen hyvin perehtyneelle lukijalle.

Sen vuoksi sisäistääksesi sen, mitä tämä kirja tarjoaa, edelly-
tetään luopumista ainakin hetkeksi monista uskomuksista, olet-
tamuksista ja kysymyksistä, joita sinulla voi olla koskien maapal-

lon ulkopuolisten kontaktia ja jopa koskien sitä, miten tämä kirja on vastaanotettu. Tämän kirjan sisältö on kuin pulloposti maailman ulkopuolelta. Näin ollen meidän ei tulisi olla huolissamme pullosta vaan itse viestistä.

Jotta voimme todella ymmärtää tätä haastavaa viestiä, meidän täytyy kohdata ja kyseenalaistaa monia olemassaolevia olettamuksia ja taipumuksia koskien maapallon ulkopuolisen kontaktin todellisuutta.

Näitä ovat:

– kieltäminen
– toiveikkaat odotukset
– uskomusten vahvistaminen todistusaineiston väärällä tulkinnalla
– pelastuksen haluaminen ja odottaminen "vierailijoilta"
– uskominen siihen, että maapallon ulkopuolinen teknologia pelastaa meidät
– epätoivon ja alistumisen tunne sen suhteen, jonka oletamme olevan ylivoimainen voima
– paljastusten vaatiminen hallituksilta, mutta ei paljastusten vaatimista avaruuden muukalaisilta
– ihmiskunnan johtajien ja instituutioiden tuomitseminen samalla kun hyväksymme "vierailijat" kyseenalaistamatta
– olettamalla hyvän tarkoituksen, koska he eivät ole hyökänneet tai miehittäneet meitä
– olettamalla, että kehittynyt teknologia tarkoittaa kehittynyttä etiikkaa ja hengellisyyttä

– uskomalla, että tämä ilmiö on mysteeri, vaikka tosiasiassa se on täysin käsitettävissä oleva tapahtuma

– uskomalla, että avaruuden muukalaisilla on jonkinlainen oikeus ihmiskuntaan ja tähän planeettaan

– sekä uskominen, että ihmiskunta on parantumaton eikä se voi selviytyä omillaan.

Liittolaisten Tiedonannot haastavat tällaiset olettamukset ja taipumukset sekä paljastavat monia myyttejä, joita meillä on niistä, jotka ovat vierailemassa planeetallamme ja siitä, miksi he ovat täällä.

Ihmiskunnan Liittolaisten Tiedonannot antavat meille laajemman näkökulman ja syvemmän ymmärryksen kohtalostamme maailmankaikkeuden älyllisen elämän laajemmassa panoraamassa. Saavuttakseen tämän Liittolaiset eivät puhu meidän analyyttiselle mielellemme vaan Tietoudelle, sille syvemmälle osalle meidän olemuksestamme, jossa totuus, olkoon se kuinka pimennossa tahansa, voidaan erottaa ja kokea.

Ihmiskunnan Liittolaisten Ensimmäinen Kirja herättää monia kysymyksiä, jotka vaativat syvempää tutkiskelua ja mietiskelyä. Sen painopisteenä ei ole tarjota nimiä, päivämääriä ja paikkoja vaan sellainen näkökulma avaruuden muukalaisten läsnäoloon maailmassa ja elämään maailmankaikkeudessa, jollaista meillä ihmisillä ei muuten voisi olla. Koska elämme edelleen eristyneisyydessä planeettamme pinnalla, emme voi vielä nähdä emmekä tietää, mitä on käynnissä koskien älyllistä elämää rajojemme ulkopuolella. Tätä varten me tarvitsemme apua, hyvin epätavallista apua. Me emme ehkä aluksi tunnista tai hyväksy sellaista apua. Se on kuitenkin täällä.

Liittolaiset ovat ottaneet tehtäväkseen varoittaa meitä riskeistä, jotka liittyvät siirtymiseemme älyllisen elämän Suuryhteisöön sekä auttaa meitä onnistuneesti tämän kynnyksen yli siten, että ihmiskunnan vapaus, itsenäisyys ja itsemääräämisoikeus voidaan säilyttää. Liittolaiset ovat täällä kertomassa, että ihmiskunnan on tarpeen määritellä omat "Kanssakäymisen Säännöt" näinä ennennäkemättöminä aikoina. Liittolaisten mukaan olemme kykeneviä ottamaan meille tarkoitetun paikkamme täysikasvuisena ja vapaana rotuna Suuryhteisössä, jos olemme viisaita, valmistautuneita ja yhdistyneitä.

◆

Sinä aikana kun tämä sarja tiedonantoja tapahtui, liittolaiset toistivat tiettyjä avainajatuksia, joiden he tunsivat olevan elintärkeitä ymmärryksemme muodostumiselle. Olemme ylläpitäneet nämä toistot kirjassa säilyttääksemme heidän kommunikaationsa aikomuksen ja eheyden. Johtuen liittolaisten viestin kiireellisestä luonteesta, ja johtuen maailmassa olevista voimista, jotka vastustaisivat tätä viestiä, on näissä toistoissa viisautta ja välttämättömyyttä.

Vuoden 2001 *Ihmiskunnan Liittolaisten Ensimmäisen Kirjan* julkaisun jälkeen Liittolaiset antoivat toisen kokoelman tiedonantoja täydentääkseen elintärkeää viestiään ihmiskunnalle. *Ihmiskunnan Liittolaisten Toinen Kirja*, julkaisuvuosi 2005, esittelee hätkähdyttävää uutta tietoa lähiavaruudessamme olevien rotujen välisestä vuorovaikutuksesta sekä ihmiskunnan asioisen sekaantuvien rotujen luonteesta, tarkoituksesta ja salaisimmista aktiviteeteista. Kiitos niiden lukijoiden, jotka tunsivat Liittolaisten viestin kiireellisyyden ja käänsivät Tiedonannot muille kielille, on maailmanlaajuinen tietoisuus intervention todellisuudesta laajenemassa.

Me täällä New Knowledge Libraryssa pidämme näitä kahta kokoelmaa Tiedonantoja mahdollisesti yhtenä tärkeimmistä viesteistä maailmalle tänään. Ihmiskunnan Liittolaiset ei ole vain jälleen yksi kirja, joka spekuloi UFOjen tai Maan ulkopuolisten vierailijoiden ilmiöstä. Se on aito mullistava viesti, joka kohdistuu suoraan avaruuden muukalaisten Intervention perimmäiseen tarkoitukseen herättääkseen sen tietoisuuden, jonka tarvitsemme kohdataksemme edessä olevat haasteet ja mahdollisuudet.

—NEW KNOWLEDGE LIBRARY

Keitä ovat
Ihmiskunnan Liittolaiset?

Liittolaiset palvelevat ihmiskuntaa, koska he palvelevat Tietouden lunastusta ja ilmaisua kaikkialla Suuryhteisössä. He edustavat monien maailmojen viisaita, jotka tukevat suurempaa tarkoitusta elämässä. Yhdessä he jakavat suurempaa Tietoutta ja Viisautta, jotka voidaan välittää avaruuden suunnattomien etäisyyksien halki, ylittäen kaikkien rotujen, kulttuurien, luonteiden ja ympäristöjen rajat. Heidän viisautensa on kaiken kattavaa. Heidän taitonsa ovat suuret. Heidän läsnäolonsa on kätkettyä. He tunnustavat teidät, koska he oivaltavat teidän olevan orastava rotu, joka on astumassa hyvin vaikeaan ja kilpailulliseen ympäristöön Suuryhteisössä.

◆

GREATER COMMUNITY SPIRITUALITY
Chapter 15: Who Serves Humanity?

Yli 20 vuotta sitten ryhmä yksilöitä useasta eri maailmasta kerääntyi salaiseen paikkaan aurinkokunnassamme lähelle maapalloa tarkoituksenaan tarkkailla täällä tapahtumassa olevaa avaruuden muukalaisten interventiota. Piilossa olevasta havaintopaikastaan käsin he pystyivät saamaan selville maailmassamme vierailevien identiteetit, organisaatiot ja aikomukset sekä seuraamaan vierailijoiden aktiviteetteja.

Tämä tarkkailijaryhmä kutsuu itseään "Ihmiskunnan Liittolaisiksi".

Tämä on heidän raporttinsa.

Tiedonannot

◆

Maan ulkopuolisten läsnäolo maailmassa tänään

On suuri kunnia voidessamme esittää tämän informaation kaikille teille, jotka ovat riittävän onnekkaita kuulemaan tämän viestin. Me olemme Ihmiskunnan Liittolaisia. Tämän lähetyksen on mahdollistanut Näkymättömien läsnäolo – niiden henkisten neuvonantajien läsnäolo, jotka valvovat älyllisen elämän kehittymistä niin teidän maailmassanne kuin koko Suuryhteisön maailmoissa.

Emme kommunikoi minkään mekaanisen laitteen kautta, vaan henkisen kanavan kautta, joka on vapaa häirinnästä. Vaikka elämmekin fyysisessä samoin kuin tekin, on meille annettu etuoikeus kommunikoida teille tällä tavalla jotta voimme luovuttaa teille sen tiedon, joka meidän täytyy kanssanne jakaa.

Edustamme pientä ryhmittymää, joka tarkkailee maailmanne tapahtumia. Tulemme Suuryhteisöstä. Emme sekaannu ihmiskunnan asioihin. Meillä ei ole tukikohtia täällä. Meidät on lähetetty hyvin erityisessä tarkoituksessa – todistamaan maailmassanne meneillään olevia tapahtumia, ja saatuamme mahdollisuuden niin tehdä – kommunikoimaan teille sen mitä näemme ja mitä tiedämme. Elättehän maailmanne pinnalla ettekä näe sitä ympäröiviä tapahtumia. Ette liioin näe selkeästi vierailua, joka on tapahtumassa maailmassanne parhaillaan tai sitä mitä se tulevaisuudellenne merkitsee. Haluaisimme antaa tästä todistajanlausunnon. Teemme näin Näkymättömien pyynnöstä, sillä meidät on lähetetty tätä tarkoitusta varten. Informaatio, jonka aiomme teille välittää, voi tuntua erittäin haasteelliselta ja hätkähdyttävältä. Monille tämän viestin kuulijoille se on ehkä odottamatonta. Ymmärrämme tämän vaikeuden, sillä meidänkin on täytynyt kohdata tämä omissa kulttuureissamme.

Kuullessanne informaation saattaa sitä olla aluksi vaikea hyväksyä, mutta se on elintärkeä kaikille niille, jotka pyrkivät antamaan maailmalle.

Monia vuosia olemme tarkkailleet maailmanne toimia. Emme tavoittele suhteita ihmiskunnan kanssa. Emme ole täällä diplomaattisessa tehtävässä. Näkymättömät ovat lähettäneet meidät olemaan maailmanne läheisyydessä, jotta voimme tarkkailla niitä tapahtumia, joita aiomme kuvailla.

Nimemme eivät ole tärkeitä. Ne olisivat teille merkityksettömiä. Ja emme aio kertoa niitä oman turvallisuutemme tähden, sillä meidän on pysyttävä piilossa voidaksemme palvella.

Aivan ensin on välttämätöntä kaikkien ihmisten ymmärtää, että ihmiskunta on astumassa älyllisen elämän Suuryhteisöön. Maailmassanne "vierailevat" useammat avaruuden muukalaisrodut sekä useammat eri muukalaisrotujen organisaatiot. Tätä on aktiivisesti tapahtunut jo jonkin aikaa. Vierailuja on ollut läpi koko ihmiskunnan historian, mutta ei mitään tässä mittakaavassa. Ydinaseiden aikakausi ja luonnollisen ympäristönne tuhoutuminen ovat tuoneet nämä joukot rajoillenne.

Ymmärryksemme mukaan maailmassa on nykyisin monia ihmisiä, jotka ovat alkaneet käsittää, että näin tapahtuu. Ja ymmärrämme myös, että tästä vierailusta on paljon tulkintoja – siitä, mitä se voisi tarkoittaa ja mitä se voisi tarjota. Ja monet niistä ihmisistä, jotka ovat tietoisia näistä asioista, ovat hyvin toiveikkaita ja ennakoivat suurta hyötyä ihmiskunnalle. Me ymmärrämme. On luonnollista odottaa tätä. On luonnollista olla toiveikas.

Nyt tapahtuva vierailu maailmassanne on erittäin mittavaa, yltäen siihen, että ihmiset joka puolella maailmaa todistavat sitä ja kokevat suoraan sen vaikutukset. Se syy, mikä on tuonut nämä "vierailijat" Suuryhteisöstä, nämä eri olentojen organisaatiot, ei ole ihmiskunnan edistymisen tai ihmiskunnan henkisen koulutuksen tukeminen. Se syy, mikä on tuonut nämä joukot rajoillenne sellaisina määrinä ja sellaisilla aikomuksilla, on maailmanne luonnonvarat.

Ymmärrämme, että tämä voi olla alkuun vaikea hyväksyä, koska ette osaa vielä arvostaa sitä, miten kaunis maailmanne on, mitä arvokasta siellä on, ja mikä harvinainen jalokivi se on autioiden maailmojen ja tyhjän avaruuden Suuryhteisössä. Teidän maailmanne kaltaiset ovat todellakin harvinaisia. Suurin osa Suuryhteisön asutuista paikoista ovat siirtokuntia, ja teknologia on mahdollistanut tämän. Mutta sellaiset maailmat kuin teillä, missä elämä on kehittynyt luonnollisesti ilman teknologian apua, ovat paljon harvinaisempia kuin ehkä käsitätte. Muut ovat tietysti huomanneet tämän, sillä maailmanne biologisia resursseja ovat useat rodut hyödyntäneet jo vuosituhansia. Joillekin se toimii varastona. Ja siltikin nyt ihmiskunnan kulttuurin ja vaarallisten aseiden kehitys sekä luonnonvarojen rappeutuminen ovat johtaneet avaruuden muukalaisten väliintuloon, Interventioon.

Ehkä ihmettelette, miksi diplomaattisia suhteita ei ole yritetty luoda ihmiskunnan johtajiin. Tätä on kohtuullista kysyä, mutta vaikeutena tässä on se, että ei ole ketään edustamassa koko ihmiskuntaa, sillä kansanne ovat jakautuneita ja kansakuntanne vastustavat toisiaan. Ne vierailijat, joista puhumme, olettavat myös teidän olevan sotaisia ja aggressiivisia sekä tuovan vahinkoa ja vihamielisyyttä ympäröivään maailmankaikkeuteen, huolimatta hyvistä ominaisuuksistanne.

Tämän johdosta haluamme antaa raportissamme käsityksen siitä, mitä on tapahtumassa, mitä se ihmiskunnalle merkitsee ja miten se liittyy henkiseen kehitykseenne, sosiaaliseen kehitykseenne ja tulevaisuuteenne maailmassa ja itse Suuryhteisön maailmojen joukossa.

Ihmiset eivät tiedosta avaruuden muukalaisvoimien läsnäoloa, he eivät tiedosta näiden resurssienetsijöiden läsnäoloa, heidän jotka pyrkivät allianssiin ihmiskunnan kanssa omaksi hyödykseen. Ehkä meidän pitäisi aloittaa antamalla teille käsitys siitä, millaista elämä on rajojenne ulkopuolella, sillä ette ole matkanneet kauas ettekä voi itse todeta näitä asioita.

Elätte siinä galaksin osassa, joka on varsin asuttu. Kaikki galaksin osat eivät ole näin asuttuja. On olemassa suuria tutkimattomia alueita. On monia piilossa olevia rotuja. Kaupankäyntiä maailmojen välillä harjoitetaan vain tietyillä alueilla. Ympäristö, johon olette astumassa, on erittäin kilpailuhenkinen. Resurssien tarvetta koetaan kaikkialla, ja monet teknologiset yhteiskunnat ovat käyttäneet maailmansa luonnonvarat loppuun ja joutuvat harjoittamaan kaupankäyntiä, vaihtokauppaa ja matkustamaan saadakseen tarvitsemansa. Tilanne on hyvin monimutkainen. Monia liittoumia muodostetaan ja konfliktejakin esiintyy.

Ehkä tässä vaiheessa on tarpeen ymmärtää, että Suuryhteisö, johon olette astumassa, on vaikea ja haasteellinen ympäristö, ja kuitenkin se tuo tullessaan suuren tilaisuuden ja suuria mahdollisuuksia ihmiskunnalle. Silti jotta nämä mahdollisuudet ja edut voivat toteutua, ihmiskunnan täytyy valmistautua ja oppia millaista elämä on maailmankaikkeudessa. Ja sen tulee oppia ymmärtämään mitä henkisyys merkitsee älyllisen elämän Suuryhteisössä.

Tiedämme oman historiamme kautta, että tämä on suurin kynnys, jonka mikään maailma voi kohdata. Tämä ei kuitenkaan ole mitään, minkä voisitte itse suunnitella. Se ei ole jotain, mitä varten voitte itse tehdä suunnitelman tulevaisuutta varten. Sillä ne nimenomaiset voimat, jotka toisivat Suuryhteisön todellisuuden tänne, ovat jo olemassa maailmassa. Olosuhteet ovat tuoneet ne tänne. Ne ovat täällä.

Ehkä tämä antaa teille käsityksen siitä, millaista elämä on rajojenne ulkopuolella. Emme halua luoda käsitystä, joka on pelottava, mutta hyvinvointinne ja tulevaisuutenne kannalta on tarpeellista, että teillä on rehellinen arvio tilanteesta ja että voitte nähdä nämä asiat selkeästi.

Tarve valmistautua elämään Suuryhteisössä tuntuu meistä kaikkein suurimmalta tarpeelta maailmassanne tänä päivänä. Ja kuitenkin havaintojemme mukaan ihmiset ovat keskittyneet omiin asioihinsa ja omiin ongelmiinsa jokapäiväisessä elämässään – tietämättöminä niistä suuremmista voimista, jotka tulevat muuttamaan heidän kohtalonsa ja vaikuttamaan heidän tulevaisuuteensa.

Ne voimat ja ryhmät, jotka ovat täällä parhaillaan, edustavat useita eri liittoumia. Nämä eri liittoumat eivät toimi yhdessä yrityksissään. Kukin liittouma edustaa useampaa eri roturyhmää, jotka tekevät yhteistyötä tavoitteenaan päästä käsiksi maailmanne luonnonvaroihin ja ylläpitää tämä pääsy. Nämä eri liittoumat pohjimmiltaan kilpailevat keskenään, vaikka ne eivät ole sodassa keskenään. Ne näkevät maailmanne suurena palkintona, jonain jonka ne haluavat itselleen.

Tämä muodostaa erittäin suuren haasteen ihmisillenne, sillä teillä vierailevilla joukoilla ei ole ainoastaan kehittynyttä teknologiaa vaan myös vahva sosiaalinen yhteenkuuluvuus, ja heillä on kyky vaikuttaa ajatteluun mentaalisessa ympäristössä. On nimittäin niin, että Suuryhteisössä teknologiaa on helppo hankkia, ja näin ollen kilpailevien yhteiskuntien suuri etulyöntiasema tulee ajatuksiin vaikuttamisesta. Tämä on saanut hyvin sofistikoituneita muotoja. Se edustaa joukkoa sellaisia taitoja, joita ihmiskunta on vasta alkamassa löytää.

Tämän johdosta vierailijanne eivät saavu aseistettuna suurilla tuhoaseilla tai armeijoilla tai mahtavilla avaruusalusten laivastoilla. He tulevat suhteellisen pieninä ryhminä, mutta he omaavat merkittävät taidot vaikuttaa ihmisiin. Tämä edustaa hienovaraisempaa ja kypsempää voimankäyttöä Suuryhteisössä. Tätä kykyä ihmiskunnan täytyy kehittää tulevaisuudessa kilpaillakseen muiden rotujen kanssa menestyksekkäästi.

Vierailijat ovat täällä saadakseen ihmiskunnan alamaisikseen. He eivät halua tuhota ihmisten luomuksia eivätkä ihmisten olemassaoloa. Sen sijaan he tahtovat käyttää näitä omaksi edukseen. Heidän aikomuksensa on työllistäminen, ei tuhoaminen. He luulevat olevansa oikeassa, sillä he uskovat pelastavansa maailman. Jotkut jopa uskovat pelastavansa ihmiskunnan itseltään. Mutta tämä näkökulma ei palvele teidän korkeampia intressejänne, eikä se vaali ihmissuvun viisautta tai itsemääräämisoikeutta.

Ja silti koska Suuryhteisön maailmojen keskuudessa on hyviä voimia, teillä on liittolaisia. Edustamme liittolaistenne, Ihmiskunnan Liittolaisten ääntä. Emme ole täällä käyttääksemme luonnonvarojanne tai ottaaksemme teiltä sen, mitä omistatte. Emme tavoittele ihmiskunnasta kauppavaltiota tai siirtokuntaa omaan käyttöömme. Sen sijaan tahdomme vaalia vahvuutta ja viisautta ihmiskunnan keskuudessa, koska sitä me tuemme koko Suuryhteisössä.

Roolimme on siis hyvin olennainen, ja informaatiomme on hyvin tarpeellinen, sillä tällä hetkellä jopa ne ihmiset, jotka ovat tietoisia vierailijoiden läsnäolosta, eivät ole tietoisia heidän aikomuksistaan. Ihmiset eivät ymmärrä vierailijoiden toimintatapoja, eivätkä he käsitä vierailijoiden etiikkaa tai moraalia. Ihmiset ajattelevat, että vierailijat ovat joko enkeleitä tai hirviöitä. Mutta todellisuudessa he ovat hyvin paljon kaltaisianne tarpeissaan. Jos voisitte nähdä maailman heidän silmiensä läpi, ymmärtäisitte heidän ajatteluaan ja motivaatiotaan. Mutta tehdäksenne tämän teidän pitäisi matkata oman ajattelunne ulkopuolelle.

Vierailijat ovat sitoutuneet neljään olennaiseen aktiviteettiin saavuttaakseen vaikutusvaltaa maailmassanne. Kukin näistä aktiviteeteista on ainutlaatuinen, mutta ne kaikki ovat koordinoituja keskenään. Niitä ollaan toimeenpanemassa, koska ihmiskuntaa on tutkittu pitkän aikaa. Ihmisen ajattelua, ihmisen käyttäytymistä, ihmisen fysiologiaa ja ihmisen uskontoa on tutkittu jo jonkin aikaa. Vierailijanne ymmärtävät näitä hyvin, ja niitä tullaan käyttämään heidän omiin tarkoituksiinsa.

Ensimmäinen vierailijoiden aktiviteetti on vaikutusvaltaisissa asemissa oleviin yksilöihin vaikuttaminen. Koska vierailijat eivät halua tuhota mitään maailmassa, eivätkä halua vahingoittaa maailman luonnonvaroja, he pyrkivät saavuttamaan vaikutusvaltaa niihin, jotka he näkevät olevan valta-asemassa pääosin hallinnon ja uskonnon piirissä. He pyrkivät kontaktiin, mutta vain tiettyjen yksilöiden kanssa. Heillä on valtaa muodostaa tämä kontakti, ja heillä on taivuttelun valta. Eivät kaikki, joihin he ottavat kontaktin, tule taivutelluksi, mutta monet tulevat. Lupaukset suuremmasta vallasta, korkeammasta teknologiasta ja maailman herruudesta kiehtovat ja yllyttävät monia yksilöitä. Ja näiden yksilöiden kanssa vierailijat pyrkivät muodostamaan yhteyksiä.

Maailman hallituksissa on hyvin vähän ihmisiä, joihin on vaikutettu tällä tavoin, mutta heidän määränsä on kasvamassa. Vierailijat ymmärtävät valtahierarkian, koska he itse elävät sen mukaan noudattaen omaa komentoketjuaan, kuten voisi sanoa. He ovat erittäin organisoituneita ja erittäin keskittyneitä omiin pyrkimyksiinsä, ja ajatus kulttuureista täynnä vapaasti ajattelevia yksilöitä on heille varsin vieras. He eivät ymmärrä eivätkä käsitä yksilönvapautta. He hyödyntävät hyvin vakiintunutta ja jäykkää hallinnon ja organisoinnin muotoa, aivan kuten monet teknologisesti kehittyneet yhteiskunnat Suuryhteisössä, jotka toimivat niin omissa maailmoissaan kuin avaruuden suunnattomien etäisyyksien takana olevissa siirtokunnissa. He uskovat, että ihmiskunta on kaoottinen ja kuriton, ja he kokevat tuovansa järjestystä tilanteeseen, jota he itse eivät voi käsittää. Yksilönvapaus on heille tuntematon, eivätkä he näe sen arvoa. Tästä johtuen, se mitä he maailmassa pyrkivät vakiinnuttamaan ei kunnioita tätä vapautta.

Sen tähden heidän pyrkimystensä ensimmäinen painopiste on luoda yhteys vaikutusvaltaisten valta-asemassa olevien yksilöiden kanssa, jotta he saisivat heidän kuuliaisuutensa ja vakuuttaa heidät suhteen ja yhteisen tarkoituksen tuomista eduista.

Aktiviteetin toinen painopiste, mikä on ehkä kaikkein vaikein käsitellä teidän näkökulmastanne, on uskonnollisten arvojen ja impulssien manipulointi. Vierailijat tiedostavat, että ihmiskunnan suurimmat kyvyt edustavat myös sen suurinta haavoittuvuutta. Ihmisten kaipuu yksilölliseen vapautukseen edustaa yhtä suurinta voimavaraa, jota ihmissuvulla on tarjota, jopa Suuryhteisölle. Mutta se on myös heikkoutenne. Ja juuri näitä impulsseja ja näitä arvoja tullaan hyödyntämään.

Monet vierailijoiden ryhmittymät haluavat vakiinnuttaa itsensä henkisinä toimijoina, sillä he tietävät miten puhua mentaalisessa ympäristössä. He pystyvät kommunikoimaan ihmisten kanssa suoraan, ja koska valitettavasti vain harva ihminen maailmassa kykenee erottamaan henkisen äänen vierailijoiden äänestä, tilanne muodostuu hyvin vaikeaksi.

Näin ollen aktiviteetin toinen painopiste on saavuttaa ihmisten alamaisuus heidän uskonnollisten ja henkisten motivaatioiden kautta. Itse asiassa tämä voidaan tehdä varsin helposti, sillä ihmiset eivät ole vielä vahvoja tai kehittyneitä mentaalisessa ympäristössä. Ihmisten on vaikea havaita, mistä nämä vaikutukset tulevat. Monet ihmiset haluavat antaa itsensä mille tahansa, jolla heidän mielestään on korkeampi ääni ja korkeampi voima. Vierailijanne osaavat projisoida mielikuvia – kuvia pyhimyksistänne, opettajistanne, enkeleistä – mielikuvia, joita te pidätte rakastettuina ja pyhinä maailmassanne. He ovat kehittäneet tätä kykyä monien vuosisatojen saatossa pyrkiessään vaikuttamaan toisiinsa ja opiskelemalla niitä taivuttelun menetelmiä, joita harjoitetaan monin paikoin Suuryhteisössä. He pitävät teitä alkukantaisina, ja siksi he voivat omasta mielestään käyttää tällaista vaikuttamista ja näitä menetelmiä teihin.

He yrittävät näin saada kontaktia niihin yksilöihin, joita pidetään herkkinä, vastaanottavaisina ja luontaisesti yhteistyökykyisinä. Monia ihmisiä on valittu, mutta muutamia valitaan perustuen näihin nimenomaisiin ominaisuuksiin. Vierailijanne pyrkivät saavuttamaan näiden yksilöiden kuuliaisuuden, luottamuksen ja omistautumisen kertomalla kuulijoilleen, että he ovat täällä kohottaakseen ihmiskunnan henkisyyttä, antaakseen ihmiskunnalle uuden toivon, uuden siunauksen ja uuden voiman – todellakin lupaamalla asioita, joita ihmiset niin kipeästi haluavat, mutta eivät ole vielä itse löytäneet. Ehkä mietitte, "Miten tällainen voi tapahtua?", mutta voimme vakuuttaa, että se ei ole vaikeaa, kun on nämä taidot ja kyvyt oppinut.

Tässä pyrkimyksenä on rauhoitella ja käännyttää ihmisiä hengellisen taivuttelun kautta. Tätä "Rauhoitusohjelmaa" sovelletaan eri tavoin erilaisille uskonnollisille ryhmille riippuen heidän ihanteistaan ja luonteestaan. Se kohdistetaan aina vastaanottavaisiin yksilöihin. Tässä he toivovat, että ihmiset menettävät arvostelukykynsä ja luottavat täysin korkeampaan voimaan, jonka he tuntevat saavansa vierailijoilta. Kun tällainen kuuliaisuus on vakiinnutettu, ihmisten on yhä vaikeampaa erottaa sitä, minkä he sisimmässään tietävät siitä, mitä heille kerrotaan. Se on hyvin hienovarainen, mutta hyvin kokonaisvaltainen taivuttelun ja manipuloinnin muoto. Tulemme puhumaan tästä lisää myöhemmin.

Sallittakoon meidän nyt tuoda esiin aktiviteetin kolmas painopiste, jossa tarkoituksena on vakiinnuttaa vierailijoiden läsnäolo maailmassa ja saada ihmiset tottumaan tähän läsnäoloon. He haluavat ihmiskunnan sopeutuvan tähän erittäin suureen muutokseen, joka on tapahtumassa keskuudessanne – sopeutumisen vierailijoiden fyysiseen läsnäoloon ja heidän vaikutukseensa teidän omaan mentaaliseen ympäristöönne. Palvellakseen tätä tarkoitusta he perustavat tukikohtia tänne, vaikkakaan ei näkyville. Nämä tukikohdat ovat piilossa, mutta ne tulevat olemaan hyvin voimakkaita vaikuttajia niiden lähellä oleviin väestökeskittymiin. Vierailijat ovat hyvin huolellisia ja käyttävät paljon aikaa varmistaakseen, että nämä tukikohdat ovat tehokkaita ja että riittävä määrä ihmisiä on niiden alaisuudessa. Juuri nämä ihmiset suojelevat ja ylläpitävät vierailijoiden läsnäoloa.

Täsmälleen tämä on maailmassanne tapahtumassa parhaillaan. Se edustaa suurta haastetta ja valitettavasti suurta riskiä. Juuri tämä sama kuvailemamme asia on tapahtunut niin monesti, niin monessa paikassa Suuryhteisössä. Ja orastavat rodut kuten teillä, ovat aina haavoittuvimpia. Jotkut orastavat rodut kykenevät vakiinnuttamaan oman tietoisuutensa, kykynsä ja yhteistyönsä sille tasolle, että he voivat torjua tämän tyyppiset ulkopuoliset vaikutteet ja vakiinnuttaa läsnäolonsa ja paikkansa Suuryhteisössä. Monet rodut kuitenkin joutuvat vieraiden voimien kontrollin ja vaikutuksen alaisiksi ennen kuin ne edes ovat saavuttaneet tämän vapauden.

Ymmärrämme, että tieto tästä voi lietsoa huomattavaa pelkoa ja ehkä kieltämistä tai hämmennystä. Mutta tarkkaillessamme tapahtumia olemme oivaltaneet, että hyvin harvat ihmiset ovat tietoisia tilanteesta sellaisena kuin se itse asiassa on. Jopa ne ihmiset, jotka alkavat tiedostaa avaruuden muukalaisvoimien läsnäolon, eivät ole sellaisessa asemassa eivätkä omaa sellaista näköalapaikkaa, josta he voisivat nähdä tilanteen selkeästi. Ja toiveikkaina ja optimistisina he pyrkivät antamaan tälle suurelle ilmiölle niin paljon positiivista merkitystä kuin he pystyvät.

Suuryhteisö on kuitenkin kilpailuhenkinen ympäristö, vaikea ympäristö. Avaruusmatkailua harjoittavat eivät välttämättä edusta henkisesti edistyneitä, sillä henkisesti edistyneet pyrkivät eristäytymään Suuryhteisöstä. He eivät pyri kaupankäyntiin. He eivät pyri vaikuttamaan toisiin rotuihin tai osallistumaan hyvin monimutkaisiin suhdeverkostoihin, joita luodaan yhteistä kaupankäyntiä ja hyötyä varten. Sen sijaan, henkisesti edistyneet pyrkivät pysymään piilossa. Tämä saattaa olla hyvin poikkeava mutta välttämätön käsitys, mikäli aiotte ymmärtää sen suuren ahdingon, jonka ihmiskunta on kohtaamassa. Kuitenkin tämä ahdinko pitää sisällään suuria mahdollisuuksia. Haluaisimme nyt puhua niistä.

Huolimatta kuvailemamme tilanteen vakavuudesta, emme pidä näitä olosuhteita tragediana ihmiskunnalle. Todellakin, jos nämä olosuhteet voidaan tunnistaa ja ymmärtää, ja jos valmistautuminen Suuryhteisöä varten, mikä on nyt annettu maailmalle, voidaan hyödyntää, opiskella ja soveltaa, niin omantunnon omaavilla ihmisillä kaikkialla on kyky oppia Suuryhteisön Tietoutta ja viisautta. Tällöin ihmiset kaikkialla kykenevät löytämään perustan yhteistyölle siten, että ihmissuku voi lopultakin vakiinnuttaa yhtenäisyyden, jollaista ei ole koskaan aiemmin luotu tänne. Sillä ihmiskunnan yhdentymiseen tarvitaan Suuryhteisön varjo. Ja tämä varjo on nyt päällänne.

Astuminen älyllisen elämän Suuryhteisöön on osa teidän evoluutiotanne. Se tulee tapahtumaan, olitte valmistautuneita tai ette. Sen täytyy tapahtua. Avain on siksi valmistautumisessa. Ymmärrys ja selkeys – nämä ovat ne asiat, jotka ovat tarpeellisia ja joita tarvitaan maailmassanne näinä aikoina.

Ihmisillä kaikkialla on suuria hengellisiä lahjoja, jotka mahdollistavat selkeän näkemisen ja tietämisen. Näitä lahjoja tarvitaan nyt. Nämä on tarpeen tunnistaa, käyttää ja jakaa vapaasti. Tämä tehtävä ei kuulu vain suurelle opettajalle tai suurelle pyhimykselle maailmassanne. Huomattavasti useamman ihmisen on nyt kehitettävä näitä lahjoja. Sillä tilanne tuo tullessaan välttämättömyyden, ja jos tämän välttämättömyyden voi omaksua tuo se tullessaan suuren tilaisuuden.

Kuitenkin vaatimukset Suuryhteisöstä oppimiseen Suuryhteisön hengellisyyden kokemiseen ovat suunnattomat. Koskaan aiemmin ihmisten ei ole tarvinnut oppia sellaisia asioita näin lyhyessä ajassa. Todellakin sellaisia asioita on harva maailmassanne koskaan aiemmin oppinut. Mutta nyt tarpeet ovat muuttuneet. Olosuhteet ovat erilaiset. Nyt keskuudessanne on uusia vaikutuksia – vaikutuksia, jotka voitte tuntea ja jotka voitte tietää.

Vierailijat pyrkivät estämään ihmisiä saamasta tätä visiota ja Tietoutta sisimmässään, sillä vierailijoillanne sitä ei ole. He eivät näe sen arvoa. He eivät ymmärrä sen todellisuutta. Tässä asiassa ihmiskunta on kokonaisuutena heitä edistyneempi. Mutta tämä on vain potentiaali – potentiaali, jota täytyy nyt kehittää.

Avaruusolentojen läsnäolo maailmassanne on lisääntymässä. Se lisääntyy joka päivä, joka vuosi. Yhä useampi ihminen tulee taivutelluksi, menettää kyvyn tiedostaa, joutuu hämmennykseen ja harhautuneisuuteen uskoen asioihin, jotka voivat vain heikentää heitä ja tehdä heistä kykenemättömiä niiden edessä, jotka aikovat käyttää heitä omaksi hyödykseen.

Ihmiskunta on orastava rotu. Se on haavoittuva. Se on nyt kohtaamassa olosuhteita ja vaikutuksia, joita sen ei ole tarvinnut koskaan aiemmin kohdata. Olette kehittyneet kilpailemaan vain toistenne kanssa. Teidän ei ole koskaan tarvinnut kilpailla muiden älyllisten elämänmuotojen kanssa. Kuitenkin juuri tämä kilpailu vahvistaa teitä ja kutsuu teistä esiin korkeammat ominaisuutenne, mikäli tilanne voidaan nähdä ja ymmärtää selkeästi.

Näkymättömien rooli on vaalia tätä vahvuutta. Nämä Näky-
mättömät, joita te perustellusti kutsuisitte enkeleiksi, eivät puhu
ainoastaan ihmissydämelle vaan niille sydämille kaikkialla, jotka
kykenevät kuuntelemaan – jotka ovat saavuttaneet vapauden
kuunnella. Me tulemme siis vaikean viestin kanssa, mutta myös lupauk-
sen ja toivon viestillä. Ehkä se ei ole viesti, jonka ihmiset halua-
vat kuulla. Se ei todellakaan ole viesti, jota vierailijat edistäisivät.
Se on viesti, jonka voi jakaa ihmiseltä toiselle, ja se tullaan ja-
kamaan, sillä on luonnollista tehdä niin. Kuitenkin vierailijat ja
ne, jotka ovat joutuneet heidän vaikutusvaltaansa, tulevat vas-
tustamaan tällaista tietoisuutta. He eivät halua nähdä itsenäistä
ihmiskuntaa. Tämä ei ole heidän tarkoituksensa. He eivät edes
usko sen olevan hyväksi. Siksi meidän vilpitön tahtomme on, että
nämä ajatukset otetaan huomioon pelottomasti, mutta vakavalla
mielellä ja syvällä huolella, mitkä ovat hyvin perusteltuja tässä
tapauksessa.

Maailmassa on ymmärryksemme mukaan monia ihmisiä,
jotka sisimmässään tuntevat, että ihmiskunnalla on edessään
suuri muutos. Näkymättömät ovat kertoneet meille näistä
asioista. Tälle muutoksen tunteelle annetaan monia syitä. Ja mo-
nia lopputulemia ennustetaan. Silti, jollette ala käsittää sitä to-
dellisuutta, että ihmiskunta on astumassa älyllisen elämän Suur-
yhteisöön, ei teillä ole oikeaa asiayhteyttä ymmärtää ihmiskun-
nan kohtaloa tai suurta muutosta, joka on tapahtumassa maail-
massa.

Meidän näkökulmastamme, ihmiset syntyvät omaan ai-
kaansa palvellakseen tätä aikaa. Tämä on opetus Suuryhteisön

Hengellisyydestä – opetus jonka opiskelijoita mekin olemme. Se opettaa vapautta ja jaetun tarkoituksen voimaa. Se antaa määräysvallan yksilölle ja sellaiselle yksilölle, joka voi liittyä toisiin; ideoita, joita on harvoin hyväksytty tai omaksuttu Suuryhteisössä, sillä Suuryhteisö ei ole taivaallinen paikka. Se on ankaran selviytymisen fyysinen todellisuus kaikkine seuraamuksineen. Kaikkien tämän todellisuuden olentojen on elettävä näiden tarpeiden ja asioiden kanssa. Ja tässä asiassa vierailijanne ovat enemmän kaltaisianne kuin tajuatte. He eivät ole käsittämättömiä. He haluaisivat olla käsittämättömiä, mutta heitä voi ymmärtää. Teillä on valta tehdä tämä, mutta on nähtävä selkeästi. Teidän on nähtävä korkeammalla näkökyvyllä ja tiedettävä korkeammalla älyllä, joita teidän on mahdollista itsessänne kehittää.

Meidän on tarpeen nyt kertoa lisää koskien vaikuttamisen ja taivuttelun aktiviteetin toista painopistettä, sillä tämä on hyvin tärkeää, ja vilpitön toiveemme on, että ymmärrätte nämä asiat ja pohditte näitä itse.

Maailman uskonnoissa, ei niinkään hallituksissa, on avain ihmisten omistautumiseen ja kuuliaisuuteen, enemmän kuin missään muussa instituutiossa. Tämä kertoo hyvää ihmiskunnasta, koska sellaisia uskontoja kuin täällä on, on usein Suuryhteisöstä vaikea löytää. Tästä näkökulmasta katsoen on maailmanne rikas, mutta vahvuudessanne olette myös heikkoja ja haavoittuvia. Monet ihmiset haluavat korkeampien voimien johdatusta ja huomiota, luopumista oman elämänsä ohjaksista salliakseen korkeampien hengellisten voimien ohjata, neuvoa ja turvata heitä. Tämä on aito halu, mutta Suuryhteisön kontekstissa on viisautta kehitettävä merkittävästi tämän halun toteuttamiseksi. On hyvin surullista nähdä miten helposti ihmiset antavat pois määräysvaltansa – sen, mitä heillä ei ole edes täysin ollut, antavat he auliisti pois tuntemattomille.

Tämä viesti on tarkoitettu saavuttamaan ne ihmiset, joilla on syvempi kiintymys hengellisyyteen. Tämän takia on tärkeää, että täsmennämme tätä aihetta. Me puhumme sen hengellisyyden puolesta, jota opetetaan Suuryhteisössä, ei sen hengellisyyden, jota kansakunnat, hallitukset ja poliittiset liittoumat hallitsevat vaan luonnollisen hengellisyyden – kyvyn tietää, nähdä ja toimia. Ja kuitenkaan tätä eivät vierailijanne korosta. He pyrkivät saamaan ihmiset uskomaan, että vierailijat ovat heidän perhettään, että vierailijat ovat heidän kotinsa, että vierailijat ovat heidän veljiään ja siskojaan, heidän äitejään ja isiään. Monet ihmiset haluavat uskoa, ja niin he uskovat. Ihmiset haluavat luopua henkilökohtaisesta määräysvallastaan, ja näin se luovutetaan pois. Ihmiset haluavat nähdä vierailijoissa ystävänsä ja pelastuksensa, ja tätä heille näytetään.

Vaatii suurta selkeämielisyyttä ja objektiivisuutta nähdä näiden huijausten ja vaikeuksien läpi. Tämä tulee olemaan ihmisille välttämätöntä, mikäli ihmiskunta aikoo astua menestyksellisesti Suuryhteisöön ja ylläpitää vapauttaan ja itsemääräämisoikeuttaan ympäristössä, jossa on mahtavia vaikutuksia ja mahtavia voimia. Tällä tavoin maailmanne voitaisiin ottaa haltuun ilman yhtäkään laukausta, sillä väkivaltaa pidetään primitiivisenä ja karkeana, ja sitä harvoin käytetään tällaisissa asioissa.

Ehkä saatat kysyä: "Tarkoittaako tämä sitä, että maailmassa on käynnissä invaasio?" Meidän on sanottava, että vastaus tähän on "kyllä", invaasio kaikkein hienovaraisimmasta päästä. Jos voit olla näiden ajatusten kanssa ja pohtia niitä vakavasti, tulet näkemään nämä asiat itse. Tämän invaasion todisteet ovat kaikkialla. Näet kuinka ihmisen kyvyt on syrjäytetty onnellisuuden, rauhan ja turvallisuuden tavoittelulla, kuinka ihmisten kyky nähdä ja kyky tietää on vaimennettu vaikutuksilla, jopa heidän omissa kulttuureissaan. Kuinka paljon mahtavampia nämä vaikutukset ovatkaan Suuryhteisön ympäristössä.

Tämä on se vaikea viesti, joka meidän täytyy esittää. Tämä viesti täytyy sanoa ääneen, se on totuus, joka täytyy kertoa, elintärkeä totuus joka ei voi odottaa. On niin välttämätöntä ihmisten nyt oppia korkeampi Tietous, korkeampi viisaus ja korkeampi henkisyys, jotta he löytäisivät todelliset kykynsä ja pystyisivät käyttämään niitä tehokkaasti.

Vapautenne on vaakalaudalla. Maailmanne tulevaisuus on vaakalaudalla. Tämän takia meidät on lähetetty puhumaan Ihmiskunnan Liittolaisten puolesta. Maailmankaikkeudessa on niitä, jotka pitävät Tietoutta ja Viisautta elossa ja jotka harjoittavat Suuryhteisön Hengellisyyttä. He eivät matkustele ympäriinsä vaikuttaakseen eri maailmoissa. He eivät ota ihmisiä vastoin heidän tahtoaan. He eivät varasta eläimiänne ja kasvejanne. He eivät levitä vaikutustaan hallituksiinne. He eivät pyri risteytymään ihmiskunnan kanssa saadakseen tänne uudet vallanpitäjät. Teidän liittolaisenne eivät sekaannu ihmisten asioihin. He eivät manipuloi ihmisen kohtaloa. He katselevat kaukaa ja lähettävät, suurella riskillä, sellaisia sanansaattajia kuin me olemme, antaakseen opastusta ja rohkaisua sekä selventääkseen asioita, kun se tulee tarpeelliseksi. Siksi tulemme rauhassa mukanamme elintärkeä viesti.

Nyt meidän täytyy kertoa aktiviteetin neljännestä painopisteestä, jolla vierailijanne pyrkivät vakiinnuttamaan itseään tänne, ja tämä tapahtuu risteyttämisen avulla. He eivät voi elää ympäristössänne. He tarvitsevat teidän fyysistä kestävyyttänne. He tarvitsevat teidän luontaista läheisyyttänne maailmaan. He tarvitsevat teidän lisääntymiskykyjänne. He haluavat myös verisiteen teihin, sillä he tiedostavat tämän luovan uskollisuutta. Tämä tavallaan vakiinnuttaa heidän läsnäolonsa täällä, sillä tällaisen risteytysohjelman jälkeläisellä on verisiteet maailmaan ja kuitenkin uskollisuus vierailijoille. Ehkä tämä vaikuttaa uskomattomalta, ja kuitenkin se on hyvin todellista.

Vierailijat eivät ole täällä riistämässä teidän lisääntymiskykyänne. He ovat täällä vakiinnuttaakseen asemansa. He haluavat ihmiskunnan uskovan heihin ja palvelevan heitä. He haluavat ihmiskunnan työskentelevän heille. He tulevat lupaamaan mitä tahansa, tarjoamaan mitä tahansa ja tekemään mitä tahansa saavuttaakseen tämän tavoitteen. Silti vaikka heidän taivuttelutaitonsa on suuri, on heidän lukumääränsä pieni. Mutta heidän vaikutusvaltansa on kasvamassa ja heidän risteyttämisohjelmansa, joka on jo ollut käynnissä useita sukupolvia, tulee loppujen lopuksi olemaan tehokas. Tulee olemaan korkeamman älykkyyden omaavia ihmisolentoja, jotka eivät kuitenkaan edusta ihmissukua. Tällaiset asiat ovat mahdollisia ja näin on tapahtunut lukemattomia kertoja Suuryhteisössä. Teidän tarvitsee vain katsoa omaa historiaanne nähdäksenne kulttuurien ja rotujen vaikutuksen toisiinsa ja nähdäksenne kuinka dominoivia ja kuinka suuria vaikutuksia näillä kanssakäymisillä voi olla.

Tämän vuoksi tuomme mukanamme tärkeitä uutisia, vakavia uutisia. Mutta teidän on oltava rohkeita, sillä nyt ei ole aikaa epätietoisuudelle. Nyt ei ole aika etsiä pakotietä. Nyt ei ole aika välttelylle. Nyt ei ole aika huolehtia omasta onnellisuudesta. Nyt on aika antaa oma osuutensa maailmalle, vahvistaa ihmissukua ja kutsua esiin ne luonnolliset kyvyt, jotka löytyvät ihmisistä – kyky nähdä, tietää ja toimia sovussa toisten kanssa. Nämä kyvyt voivat torjua sen vaikutuksen, jota näinä aikoina ollaan suuntaamassa ihmiskunnan ylle, mutta näiden kykyjen täytyy kasvaa ja niitä täytyy jakaa. Se on äärimmäisen tärkeää.

Tämä on meidän opastuksemme. Se annetaan hyvin aikomuksin. Olkaa iloisia siitä, että teillä on liittolaisia Suuryhteisössä, sillä liittolaisia te tarvitsette.

Olette astumassa laajempaan maailmankaikkeuteen, täynnä voimia ja vaikutuksia, joita ette ole vielä oppineet vastustamaan. Olette astumassa elämän laajempaan panoraamaan. Ja teidän on valmistauduttava tähän. Sanamme ovat vain osa valmistautumista. Valmistautumista ollaan parhaillaan lähettämässä maailmaan. Se ei tule meiltä. Se tulee kaiken elämän Luojalta. Se tulee juuri oikeaan aikaan. Sillä nyt on aika ihmiskunnan tulla vahvaksi ja viisaaksi. Teillä on kyky tehdä tämä. Ja elämänne tapahtumat ja olosuhteet luovat sille suuren tarpeen.

Haaste ihmiskunnan vapaudelle

hmiskunta on lähestymässä hyvin vaarallista ja hyvin tärkeää aikakautta kollektiivisessa kehityksessään. Olette parhaillaan astumassa älyllisen elämän Suuryhteisöön. Tulette kohtaamaan muiden rotujen olentoja, jotka tulevat maailmaanne pyrkiessään turvaamaan intressejään ja saamaan selville mitä mahdollisuuksia on tarjolla. He eivät ole enkeleitä tai enkelimäisiä olentoja. He eivät ole hengellisiä olemuksia. He ovat olentoja, jotka tulevat maailmaanne luonnonvarojen takia, liittoutuakseen ja saadakseen etulyöntiaseman orastavassa maailmassa. He eivät ole pahoja. He eivät ole pyhiä. Siinä he ovat myös hyvin paljon kaltaisianne. He vain ohjautuvat tarpeistaan, assosiaatioistaan, uskomuksistaan ja kollektiivisista tavoitteistaan käsin.

Tämä on erittäin merkittävää aikaa ihmiskunnalle, mutta ihmiskunta ei ole valmistautunut. Näköalapaikastamme käsin näemme tämän laajemmassa mittakaavassa. Emme puutu yksilöiden päivittäiseen elämään maailmassa. Emme yritä taivutella hallituksia tai vaatia tiettyjä maailman osia tai täällä olevia luonnonvaroja itsellemme. Sen sijaan tarkkailemme ja haluamme raportoida näkemämme, sillä tämä on missiomme täällä ollessamme.

Näkymättömät ovat kertoneet meille, että nykyisin monet ihmiset tuntevat kummallista epämukavuutta, epämääräistä tunnetta kiireellisyydestä – tunnetta siitä, että jotain on tapahtumassa ja että jotain täytyy tehdä. Ehkä heidän päivittäisessä kokemuspiirissään ei ole mitään mihin nämä syvemmät tuntemukset voisivat perustua, ei mitään mikä vahvistaisi näiden tuntemusten tärkeyden, tai mistä saisi sisältöä niiden ilmaisuun. Voimme ymmärtää tämän, sillä olemme joutuneet käymään samanlaisia asioita läpi omissa historioissamme. Edustamme useampaa rotua, jotka ovat liittyneet pieneen allianssiimme tukemaan Tietouden ja Viisauden esiin nousemista maailmankaikkeudessa, erityisesti niiden rotujen osalta, jotka ovat Suuryhteisöön astumisen kynnyksellä. Nämä orastavat rodut ovat erityisen haavoittuvia vieraille vaikutuksille ja manipulaatiolle. Ne ovat erityisen haavoittuvia ymmärtämään väärin tilanteensa, ja ymmärrettävistä syistä, sillä kuinka ne voisivat käsittää Suuryhteisön elämän merkityksen ja monimutkaisuuden? Siksi haluamme tehdä pienen osamme ihmiskunnan valmistamisessa ja kouluttamisessa.

Ensimmäisessä selonteossamme annoimme yleisluontoisen kuvauksen vierailijoiden toiminnasta neljällä alueella. Ensimmäinen alue on vaikuttaminen tärkeisiin ihmisiin, jotka ovat valta-asemassa hallituksissa ja uskonnollisten instituutioiden johdossa. Toinen vaikuttamisen alue kohdistuu hengellisyyteen taipuvaisiin ihmisiin, jotka haluavat avautua maailmankaikkeudessa oleville korkeammille voimille. Kolmas toiminta-alue on vierailijoiden tukikohtien rakentaminen maailmaan, strategisiin sijainteihin väestökeskittymien lähelle, jossa he voivat harjoittaa Mentaaliseen Ympäristöön vaikuttamistaan. Ja lopuksi puhuimme heidän ihmisristeytysohjelmastaan, mikä on ollut käynnissä jo pidemmän aikaa.

Ymmärrämme, miten huolestuttava tämä uutinen saattaa olla ja millainen pettymys se ehkä saattaa olla monille ihmisille, joilla on ollut suuria toiveita ja odotuksia sen suhteen, että ulkoavaruuden vierailijat toisivat mukanaan ihmiskunnalle siunauksia ja merkittävää hyötyä. On ehkä luonnollista olettaa ja odottaa tällaisia asioita, mutta se Suuryhteisö, johon ihmiskunta on astumassa, on vaikea ja kilpailullinen ympäristö erityisesti sellaisilla universumin alueilla, missä monet eri rodut kilpailevat keskenään ja ovat keskinäisessä kaupallisessa ja taloudellisessa vuorovaikutuksessa. Teidän maailmanne sijaitsee tällaisella alueella. Tämä voi tuntua teistä uskomattomalta, koska on aina näyttänyt siltä, että asuisitte eristyksissä, yksin avaruuden suunnattomassa tyhjyydessä. Mutta todellisuudessa elätte maailmankaikkeuden asutussa osassa, missä kaupankäynti on vakiintunutta ja missä kaikki traditiot, vuorovaikutukset ja yhteenliittymät ovat pitkäaikaisia. Ja teidän etunanne on asua kauniissa maailmassa – suuren biologisen monimuotoisuuden maailmassa, suurenmoisessa paikassa, joka on vastakohtana niin monen muun maailman karuudelle.

Kuitenkin tämä tekee tilanteestanne myös erittäin kiireellisen ja muodostaa todellisen riskin, sillä omistatte jotain minkä monet

haluavat itselleen. He eivät pyri tuhoamaan teitä, vaan saavutta-
maan kuuliaisuutenne ja liittoutumaan kanssanne, jotta olemas-
saolonne tässä maailmassa ja toimenne täällä voisivat olla heille
hyödyksi. Olette astumassa kypsyneisiin ja monimutkaisiin olo-
suhteisiin. Tässä kohtaa ette voi olla kuin pikkulapsia uskoen ja
toivoen kaikkien mahdollisten vastaantulevien teitä siunaavan.
Teidän on tultava viisaiksi ja arvostelukykyisiksi, aivan kuten
meidänkin on täytynyt vaikeiden historioidemme kautta tulla vii-
saiksi ja arvostelukykyisiksi. Nyt ihmiskunnan on opittava Suur-
yhteisön tapoja, rotujen välistä monisyistä vuorovaikutusta, kau-
pankäynnin monimutkaisuudesta, sekä maailmojen välisten yh-
teenliittymien ja allianssien hienovaraisesta manipulaatiosta.
Tämä on vaikea, mutta tärkeä aikakausi ihmiskunnalle – hyvin
lupaava aikakausi, jos todelliseen valmistautumiseen voidaan
ryhtyä.

Tässä toisessa selonteossamme haluaisimme kertoa yksityis-
kohtaisemmin vierailijoiden eri ryhmittymien sekaantumisesta
ihmiskunnan toimiin – mitä tämä voi teille merkitä, ja mitä se
edellyttää. Me emme tule luoksenne lietsomaan pelkoa, vaan he-
rättelemään vastuuntuntoon, saamaan aikaan laajempaa tietoi-
suutta ja rohkaisemaan valmistautumista siihen elämään, johon
olette astumassa – suurempaan elämään, jossa on myös suurem-
pia ongelmia ja haasteita.

Meidät on lähetetty tänne Näkymättömien hengellisen voi-
man ja läsnäolon välittäminä. Ehkä ajattelette heidät ystävällis-
mielisellä tavalla enkeleiksi, mutta maailmankaikkeuden Suur-
yhteisössä heidän roolinsa on suurempi ja heidän toimintansa ja
yhteytensä ovat syviä ja kaiken läpäiseviä. Heidän hengellinen

mahtinsa on täällä siunaamassa kaikkia tietoisia olentoja kaikissa maailmoissa ja kaikissa paikoissa edistääkseen sen syvemmän Tietouden ja viisauden kehittymistä, mikä mahdollistaa rauhanomaisten suhteiden syntymisen niin maailmoissa kuin niiden välillä. Olemme täällä heidän puolestaan. He ovat pyytäneet meitä tulemaan. Ja he ovat antaneet meille paljon siitä informaatiosta mitä meillä on – sellaista informaatiota, jota emme olisi itse pystyneet keräämään. Heiltä olemme oppineet suuresti luonteestanne. Olemme oppineet suuresti kyvyistänne, vahvuuksistanne sekä suuresta haavoittuvuudestanne. Voimme käsittää näitä asioita, koska ne maailmat, joista olemme tulleet, ovat läpäisseet tämän merkittävän Suuryhteisöön astumisen kynnyksen. Olemme oppineet huomattavan paljon, ja olemme kärsineet kovasti omista virheistämme – virheistä, joilta toivomme ihmiskunnan välttyvän.

Emme siis tule pelkästään perustuen omiin kokemuksiimme, vaan syvemmän tietoisuuden kanssa ja sillä syvemmällä tarkoituksen tunteella, jonka Näkymättömät ovat antaneet. Tarkkailemme maailmaanne paikasta sen lähistöllä, ja seuraamme teillä vierailevien kommunikaatioita. Tiedämme keitä he ovat. Tiedämme mistä he tulevat ja miksi he ovat täällä. Emme kilpaile heidän kanssaan, sillä emme ole tulleet riistämään maailmaa. Pidämme itseämme Ihmiskunnan Liittolaisina, ja toivomme, että ajan myötä tulette meitä sellaisina pitämään, sillä sitä olemme. Ja vaikkakaan emme voi tätä todistaa, toivomme osoittavamme tämän sanojemme kautta ja opastuksemme viisauden kautta. Haluaisimme valmistaa teitä siihen mitä edessänne odottaa. Tunnemme, että tehtävämme on kiireellinen, sillä ihmiskunta on pahasti jäljessä Suuryhteisöön valmistautumisessa. Monet aiemmat yritykset vuosikymmeniä sitten ottaa yhteyttä ja valmistaa ihmisiä heidän tulevaisuuttaan varten osoittautuivat epäonnistuneiksi. Vain muutamia ihmisiä onnistuttiin tavoittamaan, ja kuten meille on kerrottu, monet näistä kontakteista ymmärrettiin väärin ja niitä käytettiin erilaisiin tarkoituksiin.

Sen tähden meidät on lähetetty aiemmin tulleiden tilalle tarjoamaan apua ihmiskunnalle. Työskentelemme yhdessä yhteisen asiamme vuoksi. Emme edusta mahtavaa sotilasvoimaa vaan pikemminkin salaista ja pyhää liittoumaa. Emme halua nähdä sellaisia asioita, joihin syyllistytään Suuryhteisössä, tapahtuvan täällä teidän maailmassanne. Emme halua nähdä ihmiskunnan tulevan riippuvaiseksi osaksi suurempien valtojen laajempaa verkostoa. Emme halua nähdä ihmiskunnan menettävän vapauttaan ja itsemääräämisoikeuttaan. Nämä ovat todellisia riskejä. Tästä syystä me rohkaisemme teitä harkitsemaan sanojamme syvällisesti, jos mahdollista pelottomasti, ja sellaisella antaumuksella ja päättäväisyydellä, jonka tiedämme asustavan kaikissa ihmissydämissä.

Tänään ja huomenna ja ylihuomenna niillä, jotka vierailevat maailmassa omia tarkoitusperiään varten, on paljon toimia käynnissä, ja tulee olemaan käynnissä, vaikutusvallan verkoston perustamiseksi ihmisrodun hallitsemiseksi. He luulevat tulevansa tänne pelastamaan maailman ihmiskunnalta. Jotkut jopa luulevat olevansa täällä pelastamassa ihmiskuntaa itseltään. He tuntevat olevansa oikeassa, eivätkä pidä toimenpiteitään epäsopivina tai epäeettisinä. Heidän etiikkansa mukaan he ovat tekemässä sitä, mitä on pidettävä kohtuullisena ja tärkeänä. Kuitenkaan ei tällainen lähestymistapa ole oikeutettu millekään vapautta rakastaville olennoille.

Tarkkailemme vierailijoiden aktiviteetteja, jotka ovat lisääntymässä. Joka vuosi, heitä on täällä enemmän. He tulevat kaukaa. He tuovat tarvikkeita. He ovat syventämässä sitoutumistaan ja osallistumistaan. He ovat perustamassa kommunikointiasemia moneen paikkaan aurinkokunnassanne. He tarkkailevat teidän kaikkia alustavia tunnusteluitanne avaruuden suuntaan, ja he suorittavat vastatoimia ja tuhoavat kaiken, minkä he kokevat häiritsevän heidän aktiviteettejaan. He pyrkivät kontrolliin, ei vain teidän maailmassanne vaan myös maailmaanne ympäröivällä alueella. Tämä johtuu siitä, että täällä on kilpailevia voimia. Jokainen niistä edustaa useiden rotujen liittoumaa.

Käsitelkäämme nyt viimeisintä neljästä alueesta, joista puhuimme ensimmäisessä selonteossamme. Tämä liittyy vierailijoiden ja ihmisen lajien risteyttämiseen. Antakaamme ensin teille hieman historiaa. Monia tuhansia vuosia sitten, teidän ajanlaskussanne, useita rotuja tuli tänne risteytymään ihmisen kanssa antaakseen ihmiskunnalle korkeamman älykkyyden ja sopeutumiskyvyn. Tämä johti melko yhtäkkiseen uuden ihmistyypin ilmestymiseen, jota tietomme mukaan kutsutaan "nykyihmiseksi". Tämä on antanut teille valta-aseman ja voimaa maailmassanne. Tämä tapahtui kauan sitten.

Kuitenkin nyt käynnissä oleva risteytysohjelma ei ole lainkaan sama asia. Sitä tekee eri joukko olentoja ja eri liittoutumat. Risteytyksen kautta he pyrkivät luomaan ihmisolennon, joka on heihin yhteydessä ja joka kuitenkin voi elää maailmassanne, ja jolla on luontainen sidos maailmaan. Vierailijanne eivät voi elää maailmanne pinnalla. Heidän täytyy joko etsiä suojaa maan alta, kuten he tekevät, tai sitten heidän täytyy elää omissa aluksissaan, joita he usein pitävät piilossa suurilla vesialueilla. He haluavat risteytyä ihmiskunnan kanssa suojellakseen täällä omia intressejään, jotka ovat ensisijaisesti maailmanne luonnonvarat. He haluavat varmistaa ihmisen alamaisuuden, joten jo usean sukupolven ajan heillä on ollut risteytysohjelma, josta viimeisen 20 vuoden aikana on tullut varsin mittava.

Heidän tarkoituksensa on kaksitahoinen. Ensinnäkin, kuten olemme maininneet, vierailijat haluavat luoda ihmisenkaltaisen olennon, joka voi elää maailmassanne, mutta jolla on siteet heihin, ja jolla on laajempi kokonaisuus herkkyyksiä ja kykyjä. Tämän ohjelman toinen tarkoitus on vaikuttaa kaikkiin niihin, joita he kohtaavat ja rohkaista näitä ihmisiä avustamaan heitä tässä yrityksessä. Vierailijat haluavat ja tarvitsevat ihmisen apua. Tämä edesauttaa heidän ohjelmaansa kaikin tavoin. He pitävät teitä arvokkaina. He eivät kuitenkaan pidä teitä kumppaneina tai heidän kanssaan tasa-arvoisina. Hyödyllisenä, se on se, minä he teitä pitävät. Joten kaikissa, joita he kohtaavat, kaikissa, joita he sieppaavat, vierailijat pyrkivät synnyttämään sen tunteen, että he ovat ylempiä ja ylivoimaisia, arvokkaita ja että heidän pyrkimyksensä on arvokas ja merkittävä tässä maailmassa. Vierailijat kertovat kaikille, joihin he ottavat kontaktin, että he ovat täällä hyvässä tarkoituksessa, ja he vakuuttavat siepatuille, ettei näiden tarvitse pelätä. Ja niiden kanssa, jotka vaikuttavat erityisen vastaanottavaisilta, he yrittävät luoda liittoja – yhteisen tarkoituksen tunteen, jopa yhteisen jaetun identiteetin ja perheen tunteen, syntyperän ja kohtalon tunteen.

Ohjelmassaan vierailijat ovat tutkineet ihmisen fysiologiaa ja psykologiaa hyvin laajamittaisesti. He käyttävät hyödykseen ihmisten haluja, erityisesti niitä asioita, joita ihmiset haluavat, mutta eivät ole saavuttaneet itselleen, kuten rauhaa ja järjestystä, kauneutta ja levollisuutta. Näitä tullaan tarjoamaan ja jotkut ihmiset uskovat tähän. Toisia tullaan yksinkertaisesti käyttämään tarpeen mukaan.

Tässä kohtaa on välttämätöntä ymmärtää vierailijoiden uskovan, että tämä on täysin perusteltua maailman suojelemiseksi. He kokevat tekevänsä ihmiskunnalle suuren palveluksen, joten he ovat taivutteluissaan yksituumaisia ja varauksettomia. Valitettavasti tämä havainnollistaa suuren totuuden Suuryhteisöstä – todellinen viisaus ja todellinen Tietous ovat yhtä harvinaisia maailmankaikkeudessa kuin oletettavasti teidänkin maailmassanne näyttää olevan. On luonnollista, että toivotte ja oletatte muiden rotujen kasvaneen irti kataluudesta, itsekkäistä hankkeista, kilpailusta ja selkkauksista. Mutta valitettavasti näin ei ole. Korkeampi teknologia ei lisää yksilöiden mentaalisia eikä henkisiä voimavaroja.

Nykyisin on paljon ihmisiä, joita siepataan toistuvasti vastoin heidän tahtoaan. Koska ihmiskunta on hyvin taikauskoinen ja pyrkii kieltämään sen, mitä se ei voi ymmärtää, tätä valitettavaa toimintaa jatketaan huomattavan onnistuneesti. Jopa tällä hetkellä, maailmassanne kulkee hybridiyksilöitä, puoliksi ihmisiä ja puoliksi avaruuden muukalaisia. Heitä ei ole monia, mutta heidän määränsä tulee lisääntymään tulevaisuudessa. Ehkä tapaat yhden jonain päivänä. He ovat ulkonäöltään kuten te, mutta olemukseltaan erilaisia. Ajattelette heitä ihmisinä, mutta jotain oleellista vaikuttaa puuttuvan heistä, jotain mitä maailmassanne arvostetaan. On mahdollista kyetä havaitsemaan ja tunnistamaan näitä yksilöitä, mutta niin tehdäksenne tulisi teidän tulla taitaviksi mentaalisessa ympäristössä ja oppia, mitä Tietous ja viisaus merkitsevät Suuryhteisössä.

Me koemme, että tämän oppiminen on äärimmäisen tärkeää, sillä näemme näköalapaikaltamme kaiken sen, mitä maailmassanne tapahtuu, ja Näkymättömät opastavat meitä niissä asioissa, joita emme voi nähdä tai joihin meillä ei ole pääsyä. Ymmärrämme näitä tapahtumia, sillä ne ovat tapahtuneet lukemattomia kertoja Suuryhteisössä, kun vaikutusta ja taivuttelua on suunnattu niihin rotuihin, jotka ovat joko liian heikkoja tai liian haavoittuvia reagoimaan tehokkaasti.

Toivomme ja luotamme, ettei kukaan teistä, joka kuulee tämän viestin, ajattele että nämä sekaantumiset ihmiselämään ovat hyvää tekeviä. Niihin, joille tätä tapahtuu, kohdistuu sellaista vaikuttamista, että he ajattelevat kohtaamisten olevan suotuisia sekä heille itselleen että maailmalle. Ihmisten hengelliset pyrkimykset, heidän halunsa rauhaan ja harmoniaan, perheeseen ja yhteenkuuluvuuteen ovat kaikki vierailijoiden kohteena. Nämä asiat, jotka edustavat jotain niin erityistä ihmissuvussa ovat, ilman viisautta ja valmistautumista, merkki suuresta haavoittuvuudestanne. Vain ne yksilöt, joilla Tietous ja Viisaus on vahvaa, voivat nähdä petoksen näiden taivuttelujen takana. Vain he ovat sellaisessa asemassa, että voivat nähdä sen petoksen, johon ihmiskuntaa kohtaan syyllistytään. Vain he voivat suojella mieltään siltä vaikutukselta, jota suunnataan mentaaliseen ympäris-

töön niin monessa paikassa maailmassa tänä päivänä. Vain he
näkevät ja tietävät. Meidän sanamme eivät yksin riitä. Miesten ja naisten on
opittava näkemään ja tietämään. Voimme vain rohkaista tähän.
Tulomme tänne teidän maailmaanne on tapahtunut sopusoin-
nussa Suuryhteisön Hengellisyyden opetusten saapumisen
kanssa, sillä valmistautuminen on nyt täällä, ja siksi voimme
olla rohkaisun lähde. Jos valmistautuminen ei olisi täällä, tietäi-
simme, että varoituksemme ja rohkaisumme eivät olisi riittäviä
eivätkä olisi menestyksekkäitä. Luoja ja Näkymättömät tahtovat
valmistaa ihmiskunnan Suuryhteisöä varten. Itse asiassa tämä
on ihmiskunnan kaikkein tärkein tarve näinä aikoina.

Tämän vuoksi rohkaisemme teitä olemaan uskomatta siihen,
että ihmisten ja heidän lastensa ja heidän perheidensä siep-
paaminen olisi millään tavalla hyödyksi ihmiskunnalle. Meidän
täytyy korostaa tätä. Teidän vapautenne on kallisarvoinen. Tei-
dän yksilönvapautenne ja vapautenne lajina ovat kallisarvoisia.
Meiltä on vienyt niin kauan saada vapautemme takaisin. Emme
halua nähdä teidän menettävän omaanne.

Maailmassa käynnissä oleva risteytysohjelma tulee jatku-
maan. Ainoa tapa sen pysäyttämiseen ovat ihmiset, jotka saavut-
tavat tämän laajemman tietoisuuden ja tunteen sisäisestä aukto-
riteetistaan. Vain tämä päättää nämä sekaantumiset. Vain tämä
paljastaa niiden takana olevan petoksen. Meille on vaikeaa kuvi-
tella, miten hirveää tämän täytyy olla ihmisillenne, niille miehille
ja naisille, niille pienokaisille, jotka käyvät läpi tämän kohtelun,
tämän uudelleenkoulutuksen, tämän rauhoittamisen. Meidän ar-
voillemme tämä on vastenmielistä, ja kuitenkin tiedämme näitä

asioita tapahtuvan Suuryhteisössä ja niitä on tapahtunut iki-muistoisista ajoista lähtien.

Ehkä sanamme synnyttävät yhä enemmän kysymyksiä. Tämä on tervettä ja tämä on luonnollista, mutta emme voi vas-tata kaikkiin kysymyksiinne. Teidän täytyy itse löytää keinot saada vastauksia. Mutta ette voi tehdä tätä ilman valmistautu-mista, ja ette voi tehdä tätä ilman suuntaa. Tällä hetkellä, ih-miskunta kokonaisuudessaan, ymmärryksemme mukaan, ei ky-kene erottamaan Suuryhteisön esitystä hengellisestä ilmestyk-sestä. Tämä on todella vaikea tilanne, sillä vieraanne osaavat projisoida kuvia, he pystyvät puhumaan ihmisille mentaalisen ympäristön kautta ja heidän äänensä voidaan vastaanottaa ja il-maista ihmisten kautta. He voivat vaikuttaa tällä tavalla, sillä ihmiskunnalla ei ole vielä tällaista taitoa tai arvostelukykyä.

Ihmiskunta ei ole yhtenäinen. Se on hajanainen. Se kiistelee keskenään. Tämä tekee teidät äärimmäisen haavoittuviksi ulkoi-selle häirinnälle ja manipuloinnille. Vierailijanne ymmärtävät, että teidän hengelliset mielihalunne ja taipumuksenne tekevät teidät erityisen haavoittuviksi ja erityisen hyviksi kohteiksi hei-dän käyttötarkoituksiinsa. Kuinka vaikeaa onkaan todellisen ob-jektiivisuuden saavuttaminen näissä asioissa. Jopa siellä, mistä tulemme, se on ollut suuri haaste. Mutta niiden, jotka haluavat pysyä vapaina ja harjoittaa itsemääräämisoikeuttaan Suuryhtei-sössä, täytyy kehittää näitä kykyjä ja täytyy varjella omia luon-nonvarojaan välttyäkseen tilanteelta, jossa heidän on pakko läh-teä etsimään näitä muilta. Jos maailmanne menettää omavarai-suutensa, se menettää suuren osan vapaudestaan. Jos teidän täytyy matkata maailmanne ulkopuolelle saadaksenne elämiseen välttämättömiä resursseja, silloin te menetätte suuren osan vallastanne muille. Koska maailmanne luonnonvarat ovat nopeasti hupenemassa, tämä on vakava huolenaihe meille, jotka tarkkailemme kaukaa. Se on myös vierailijoidenne huolenaihe, sillä he haluavat estää ympäristönne tuhoutumisen, ei teidän takianne, vaan heille itselleen.

Risteytysohjelmalla on vain yksi tarkoitus, ja se on mahdollistaa vierailijoiden pysyvä läsnäolo ja vaikutusvalta maailmassanne. Älkää kuvitelko, että vierailijoilta puuttuu jotain sellaista, mitä he teiltä tarvitsevat, lukuun ottamatta luonnonvarojanne. Älkää kuvitelko, että he tarvitsevat ihmisyyttänne. He haluavat ihmisyyttänne vain varmistaakseen asemansa maailmassanne. Älkää olko imarreltuja. Älkää hemmotelko itseänne sellaisilla ajatuksilla. Ne ovat perusteettomia. Jos opitte näkemään tilanteen selkeästi sellaisena kuin se on, näette ja tiedätte nämä asiat itse. Ymmärrätte, miksi olemme täällä ja miksi ihmiskunta tarvitsee liittolaisia älyllisen elämän Suuryhteisössä. Ja näette korkeamman Tietouden ja Viisauden sekä Suuryhteisön Hengellisyyden oppimisen tärkeyden.

Koska olette astumassa sellaiseen ympäristöön, missä nämä asiat tulevat elintärkeiksi menestykselle, vapaudelle, onnellisuudelle ja vahvuudelle, tulette tarvitsemaan korkeampaa Tietoutta ja viisautta vakiinnuttaaksenne itsenäisyytenne rotuna Suuryhteisössä. Kuitenkin olette menettämässä itsenäisyyttänne päivä päivältä. Ja ette ehkä näe vapautenne menetystä, vaikkakin saatatte tuntea sen jollakin tavalla. Miten voisitte nähdä sen? Ette voi mennä maailmanne ulkopuolelle todistamaan sitä ympäröiviä tapahtumia. Teillä ei ole sellaista pääsyä maailmassa nykyisin toimivien muukalaisvoimien poliittisiin ja kaupallisiin toimiin, että voisitte ymmärtää niiden monimutkaisuuden tahi heidän etiikkaansa tai arvojaan.

Älkää koskaan kuvitelko, että mikään kaupallisia matkoja tekevä rotu maailmankaikkeudessa olisi henkisesti edistynyt. Ne, jotka tavoittelevat kauppaa, tavoittelevat etua. Ne, jotka matkaavat maailmasta toiseen, jotka ovat resurssien etsijöitä, jotka pyrkivät pystyttämään omat lippunsa, eivät ole sellaisia, joita pitäisitte henkisesti kehittyneinä. Me emme pidä heitä henkisesti kehittyneinä. On olemassa maallisia voimia, ja on olemassa hengellisiä voimia. Voitte ymmärtää eron näiden asioiden välillä, ja nyt on tarpeellista nähdä tämä ero laajemmassa ympäristössä.

Me tulemme siis sitoutuneina rohkaisemaan teitä vahvasti ylläpitämään vapautenne, tulemaan vahvoiksi ja arvostelukykyisiksi, ja olemaan antamatta periksi taivutteluille tai lupauksille rauhasta, vallasta ja yhteenkuuluvuudesta niiltä, joita ette tunne. Älkääkä tuudittautuko sellaiseen ajatteluun, että kaikki kääntyy hyväksi ihmiskunnalle tai edes sinulle henkilökohtaisesti, sillä tämä ei ole viisautta. Viisaiden on nimittäin missä tahansa opittava näkemään elämän todellisuus ympärillään ja opittava tulemaan toimeen tämän elämän kanssa suotuisalla tavalla.

Ottakaa täten vastaan rohkaisumme. Tulemme puhumaan uudelleen koskien näitä asioita ja havainnollistamaan miten tärkeää on saavuttaa arvostelukykyä ja pidättyväisyyttä. Ja tulemme puhumaan lisää vierailijoidenne toimista maailmassa alueilla, joita teidän on hyvin tärkeää ymmärtää. Toivomme, että voitte ottaa vastaan sanamme.

Suuri varoitus

Palamme halusta puhua enemmän kanssanne koskien maailmanne tapahtumia auttaaksemme teitä, jos mahdollista, näkemään sen mitä me näemme omalta näköalapaikaltamme. Tiedostamme, että tätä on vaikea ottaa vastaan, ja että se aiheuttaa huomattavaa ahdistusta ja huolta, mutta teitä täytyy informoida.

Meidän näkökulmastamme tilanne on hyvin vakava, ja mielestämme olisi suunnaton vahinko, jos ihmisiä ei informoitaisi oikein. Maailmassa, jossa elätte on niin paljon petosta, kuten monissa muissakin maailmoissa, että totuus vaikkakin ilmeinen ja itsestään selvä, jää huomaamatta, ja sen merkit ja viestit jäävät havaitsematta. Siksi toivomme, että läsnäolomme auttaa selkeyttämään kokonaiskuvaa ja auttaa sinua sekä muita näkemään sen mitä oikeasti on olemassa. Meidän havaitsemisessamme ei ole näitä kompromisseja, sillä meidät lähetettiin todistamaan juuri näitä asioita, joita kuvailemme.

Ehkä ajan myötä kykenisitte tiedostamaan nämä asiat itse, mutta teillä ei ole tällaiseen aikaa. Aikaa on nyt vähän. Ihmiskunnan valmistautuminen Suuryhteisön voimien ilmaantumiseen on aikataulusta pahasti jäljessä. Monet tärkeät ihmiset eivät ole reagoineet. Ja tunkeutuminen maailmaan on kiihtynyt nopeammalla tahdilla, kuin alun perin uskottiin olevan mahdollista.

Tulemme nyt, kun aikaa on enää vähän jäljellä, ja silti tulemme rohkaisemaan sinua jakamaan tätä tietoa. Kuten olemme antaneet ymmärtää aiemmissa viesteissämme, maailmaa ollaan miehittämässä ja mentaalista ympäristöä ollaan mukauttamassa ja valmistelemassa. Aikomus ei ole tuhota ihmisiä vaan käyttää heitä työhön, tehdä heistä työläisiä suuremmalle "kollektiiville". Maailman instituutioita ja eritoten luonnollista ympäristöä arvostetaan, ja vierailijat haluaisivat että nämä säilytetään heidän käyttöönsä. He eivät voi elää täällä, ja saavuttaakseen kuuliaisuutenne he käyttävät monia näitä kuvailemiamme tekniikoita. Jatkamme kuvauksissamme näiden asioiden selkiyttämistä.

Meidän tuloamme tänne ovat haitanneet useat tekijät, mistä vähimpänä ei ole niiden yksilöiden valmiuden puute, joita meidän täytyy tavoittaa suoraan. Meidän puhujamme, tämän kirjan kirjoittaja, on ainoa, jonka kanssa olemme kyenneet luomaan vakaan kontaktin, joten meidän täytyy antaa puhujallemme keskeinen informaatio.

Vierailijoidenne näkökulmasta, kuten olemme oppineet, Amerikan Yhdysvaltoja pidetään maailman johtajana, ja siksi suurin painopiste on siellä. Mutta myös muihin suuriin kansakuntiin otetaan kontakti, sillä niiden on tunnistettu omaavan valtaa, ja valtaa vierailijat ymmärtävät, sillä he noudattavat auktoriteetin käskyjä kyselemättä ja paljon suuremmassa määrin kuin teidän maailmassanne voi edes nähdä.

Yrityksiä tehdään vahvimpien kansakuntien johtajien taivuttelemiseksi tulemaan vastaanottavaiseksi vierailijoiden läsnäololle sekä ottamaan vastaan lahjoja ja houkutuksia yhteistyöhön molemminpuolisen edun lupauksilla, ja joillekin jopa lupauksilla maailmanherruudesta. Maailman vallan käytävillä tulee olemaan niitä, jotka lankeavat näihin houkutuksiin, sillä he uskovat tämän olevan suuri tilaisuus saada ihmiskunta ydinsodan varjosta uudeksi yhteisöksi Maan päällä – yhteisöksi, jota he johtavat omista tarkoitusperistään käsin. Kuitenkin näitä johtajia harhautetaan, sillä heille ei anneta avaimia tähän valtakuntaan. He ovat pelkkiä vallansiirron välikäsiä.

Tämä teidän täytyy ymmärtää. Se ei ole niin monimutkaista. Meidän näkökulmastamme ja näköalapaikastamme käsin tämä on itsestään selvää. Olemme nähneet tämän tapahtuvan muualla. Tämä on yksi niistä tavoista, joilla vakiintuneet rotujen ryhmittymät, joilla on omat kollektiivinsa, värväävät käyttöönsä orastavia maailmoja kuten teidän maailmanne. He uskovat vakaasti, että heidän agendansa on hyveellinen ja maailmanne parhaaksi, sillä ihmiskunta ei ole korkealle arvostettu, ja vaikka olette tietyllä tapaa hyveellisiä, heidän näkökulmastaan rasitteenne ovat huomattavasti suurempia kuin potentiaalinne. Me emme näe asioita näin, tai muutoin emme olisi siinä asemassa, missä olemme, emmekä olisi tarjoamassa palveluksiamme teille Ihmiskunnan Liittolaisina.

Sen takia arvostelukykyisyys on nyt hyvin vaikeaa, se on suuri haaste. Ihmiskunnan haasteena on ymmärtää, ketkä sen liittolaisia todella ovat ja erottaa nämä potentiaalisista vastustajistaan. Tässä asiassa ei ole neutraaleja osapuolia. Maailma on liian arvokas, sen luonnonvaroja pidetään ainutlaatuisina ja huomattavan arvokkaina. Ei ole neutraaleja osapuolia sekaantumassa ihmisten asioihin. Avaruuden muukalaisten intervention todellinen luonne on pyrkiä vaikutusvaltaan ja hallintaan ja lopulta vakiinnuttaa täällä ylin valta-asema.

Emme ole näitä vierailijoita. Olemme tarkkailijoita. Emme vaadi mitään oikeuksia maailmaanne, eikä meillä ei ole suunnitelmaa asettua tänne. Tästä syystä salaamme nimemme, sillä emme tavoittele suhteita kanssanne lukuun ottamatta kykyämme tarjota teille opastusta tällä tavoin. Emme voi hallita lopputulosta. Voimme vain neuvoa teitä niiden valintojen ja päätösten suhteen, joita ihmisten on tehtävä näiden suurempien tapahtumien valossa.

Ihmiskunta on erittäin lupaava ja se on kehittänyt rikkaan hengellisen perinnön, mutta se ei ole saanut koulutusta Suuryhteisöstä, johon se on astumassa. Ihmiskunta on jakaantunut ja keskinäisissä riidoissa, mikä tekee siitä alttiin manipuloinnille ja tunkeutumiselle yli rajojenne. Ihmiset ovat keskittyneet päivän huoliin, mutta huomisen todellisuutta ei ole tiedostettu. Mitä etua voisitte mahdollisesti saavuttaa olemalla tietämättömiä suuremmista liikkeistä maailmassanne ja olettamalla, että nykyinen Interventio olisi eduksenne? Varmasti keskuudessanne ei ole yhtäkään, joka sanoisi näin, jos vain näkisitte tilanteen todellisuuden.

Tavallaan kysymys on näkökulmasta. Me voimme nähdä ja te ette, sillä teillä ei ole näköalapaikkaa. Teidän täytyisi olla maailmanne ulkopuolella, maailman vaikutusalueen ulkopuolella, nähdäksenne sen mitä me näemme. Ja kuitenkin nähdäksemme sen, mitä näemme, täytyy meidän pysytellä piilossa, koska jos meidät löydettäisiin, me varmasti menehtyisimme. Vierailijanne pitävät tehtäväänsä täällä nimittäin äärimmäisen arvokkaana, ja he pitävät Maata heidän suurimpana mahdollisuutenaan useiden muiden joukosta. He eivät lopeta meidän takiamme. Joten teidän täytyy itse arvostaa ja puolustaa omaa vapauttanne. Emme voi tehdä tätä puolestanne.

Jokaisen maailman, jos se aikoo vakiinnuttaa oman yhtenäisyytensä, vapautensa ja itsemääräämisoikeutensa Suuryhteisössä, on vakiinnutettava tämä vapaus ja puolustettava sitä tarvittaessa. Muutoin alistaminen tapahtuu varmasti ja tulee olemaan täysimittainen.

Miksi vierailijanne haluavat maailmanne? Se on niin ilmeistä. Eivät he teistä ole kiinnostuneita erityisesti. He ovat kiinnostuneita maailmanne biologisista luonnonvaroista. He ovat kiinnostuneita tämän aurinkokunnan strategisesta sijainnista. Olette heille hyödyllisiä vain siinä määrin, kuin he näitä asioita arvostavat ja voivat hyödyntää. He tarjoavat teille sitä mitä haluatte saada ja he puhuvat sellaista mitä haluatte kuulla. He tarjoavat teille houkutuksia, ja he käyttävät hyväkseen uskontojanne ja uskonnollisia ihanteitanne edistääkseen varmuutta ja luottamusta siihen, että he, pikemminkin kuin te, ymmärtävät maailmanne tarpeita ja pystyvät palvelemaan näitä tarpeita tuomalla suurempaa rauhaa tänne. Koska ihmiskunta vaikuttaa kykenemättömältä synnyttämään yhtenäisyyttä ja järjestystä, monet ihmiset avaavat mielensä ja sydämensä niille, joilla he usko-vat olevan suurempia mahdollisuuksia saada tämä aikaiseksi. Toisessa selonteossamme puhuimme lyhyesti risteytysohjel-masta. Jotkut ovat kuulleet tästä ilmiöstä, ja ymmärryksemme mukaan tästä on ollut jonkin verran keskustelua. Näkymättömät ovat kertoneet meille, että tietoisuus tästä ohjelmasta on kas-vanut, mutta on uskomatonta, että ihmiset eivät näe tämän il-meisiä seurauksia ollessaan niin mieltymystensä vallassa tässä asiassa ja niin puutteellisesti varustautuneita käsittelemään sitä, mitä tällainen Interventio voi merkitä. Risteytysohjelma on sel-keästi yritys sulauttaa yhteen ihmisen fyysinen sopeutumiskyky ja vierailijoiden ryhmämieli sekä kollektiivinen tietoisuus. Sel-lainen jälkeläinen olisi täydellisessä asemassa tarjoamaan uutta johtajuutta ihmiskunnalle – johtajuutta, joka on syntynyt vieraili-joiden aikeista ja vierailijoiden kampanjoinnista. Näillä yksilöillä olisi verisiteet maailmassa, ja näin toiset tuntisivat sidettä hei-hin ja hyväksyisivät heidän läsnäolonsa. Ja kuitenkaan heidän mielensä tahi sydämensä eivät olisi teidän kanssanne. Ja vaikka he tuntisivat sympatiaa tilanteestanne ja siitä, millaiseksi tilan-teenne voi osoittautua, ei heillä olisi omaa auktoriteettia, koska eivät ole itse harjoittaneet Tietouden tietä ja viisautta, auttaa teitä tai vastustaa sitä kollektiivista tietoisuutta, joka heidät on tänne kasvattanut ja antanut heille elämän.

Vierailijanne eivät näet arvosta yksilönvapautta. He pitävät sitä varomattomana ja edesvastuuttomana. He ymmärtävät vain omaa kollektiivista tietoisuuttaan, jonka he kokevat etuoikeute-tuksi ja siunatuksi. Ja kuitenkaan heillä ei ole pääsyä todelli-seen hengellisyyteen, jota maailmankaikkeudessa kutsutaan Tietoudeksi, sillä Tietous syntyy yksilön itsensä löytämisestä, ja se tulee todeksi korkeamman tason suhteiden kautta. Kumpaakaan näistä ilmiöistä ei esiinny vierailijoiden sosiaalisessa rakenteessa. He eivät pysty ajattelemaan itsenäisesti. Heidän tahtonsa ei ole yksin heidän omansa. Ja siksi he eivät voi luonnollisestikaan kunnioittaa mahdollisuuksia kehittää näitä kahta suurta ilmiötä maailmassanne, ja he eivät todellakaan ole sellaisessa asemassa, että voisivat vaalia näitä asioita. He tavoittelevat vain mukautumista ja kuuliaisuutta. Ja ne hengelliset opetukset, joita he vaalivat maailmassa, palvelevat ihmisten muokkaamisessa suostuvaisiksi, avoimiksi ja pahaa aavistamattomiksi, jotta voitaisiin saavuttaa luottamusta, jota ei ole koskaan ansaittu.

Olemme nähneet näitä asioita aiemmin muissa paikoissa. Olemme nähneet kokonaisten maailmojen joutuvan tällaisten kollektiivien valtaan. Maailmankaikkeudessa on monia tällaisia kollektiiveja. Koska nämä kollektiivit harjoittavat planeettojen välistä kauppaa, ja ulottuvat valtavan suurille alueille, he pitävät kiinni tiukasta yhdenmukaisuudesta ilman poikkeuksia. Heidän joukossaan ei ole yksilöllisyyttä, ei ainakaan sellaista, minkä voisitte tunnistaa.

Emme ole varmoja löydämmekö teidän maailmastanne esimerkkiä siitä millaista tämä voisi olla, mutta meille on kerrottu, että maailmassanne on kulttuurirajat ylittäviä kaupallisia intressejä, joilla on mahtava valta ja jotka silti ovat vain muutaman hallinnassa. Tämä ehkä vertautuu hyvin siihen mitä kuvailemme. Kuitenkin se mitä kuvailemme on niin paljon voimakkaampaa, laaja-alaisempaa ja vakiintuneempaa kuin mikään mitä voisitte tarjota hyväksi esimerkiksi maailmassanne.

Älylliseen elämään pätee kaikkialla, että pelko voi olla tuhoava voima. Silti pelko palvelee yhtä ja vain yhtä tarkoitusta, jos se nähdään oikein – ja se on informointi vaaran läsnäolosta. Olemme huolissamme, ja se on meidän pelkomme laatu. Ymmärrämme, mitä tässä on vaarassa. Se on huolemme laatu. Pelkosi syntyy, koska et tiedä mitä on tapahtumassa, joten kyseessä on tuhoisa pelko. Sellainen pelko ei voi voimaannuttaa sinua tai antaa sinulle sellaista tarkkanäköisyyttä, jonka tarvitset käsittääksesi mitä maailmassasi on tapahtumassa.

Jos voit saada tiedon, silloin pelko muuntuu huoleksi ja huoli muuntuu rakentavaksi toiminnaksi. Emme tiedä muuta tapaa kuvailla tätä.

Risteytysohjelmasta on tulossa hyvin menestyksellinen. Jo nyt Maan päällä kävelee niitä, jotka ovat syntyneet vierailijoiden tajunnan ja kollektiivisen pyrkimyksen kautta. He eivät voi oleilla täällä pitkiä aikoja, mutta vain muutaman vuoden sisällä he voivat oleilla maailmanne pinnalla pysyvästi. Heidän geneettinen suunnittelunsa tulee olemaan niin täydellistä, että he eroavat teistä vain lievästi, enemmänkin tavoiltaan ja olemukseltaan kuin fyysiseltä ulkomuodoltaan, jopa niin että kulkevat todennäköisesti huomaamattomina ja tunnistamattomina. Kuitenkin heillä on suurempia mentaalisia taitoja. Ja se antaa heille sellaisen etulyöntiaseman, johon ette yllä, ellette ole koulutettuja Oivaltamisen Tavoille.

Sellainen on suurempi todellisuus, johon ihmiskunta on astumassa – maailmankaikkeus täynnä ihmeitä ja kauhuja, vaikuttamisen maailmankaikkeus, kilpailun maailmankaikkeus, ja silti myös maailmankaikkeus täynnä korkeampaa armoa – paljon oman maailmanne kaltainen, mutta äärettömästi laajempi. Taivas, jota etsitte, ei ole täällä. Kuitenkin ne voimat, joiden kanssa teidän täytyy kamppailla, ovat. Tämä on suurin kynnys, jonka lajinne koskaan kohtaa. Itsekukin tässä ryhmässämme on kohdannut tämän omissa maailmoissaan, ja tässä on ollut hyvin paljon epäonnistumisia ja vain vähän onnistumisia. Niiden älyllisten olentojen rotujen, jotka kykenevät ylläpitämään vapautensa ja eristäytymisensä, täytyy tulla vahvoiksi ja yhdistyneiksi, ja ne todennäköisesti vetäytyvät Suuryhteisön keskinäisistä kanssakäymisistä hyvin suurelta osin suojellakseen tätä vapautta.

Jos pohditte näitä asioita, ehkä näette luonnollisia seuraamuksia omassa maailmassanne. Näkymättömät ovat kertoneet meille hyvin paljon hengellisestä kehittymisestänne ja siihen liittyvästä suuresta lupauksesta, mutta he ovat myös neuvoneet meitä, että hengellisiin taipumuksiinne ja ihanteisiinne kohdistuu nykyisin suurta manipulointia. Maailmalle esitellään nyt kokonaisia opetuksia, mitkä opettavat ihmisiä kuuliaisuuteen ja kriittisten kyvykkyyksien tukahduttamiseen, ja mitkä arvostavat vain sellaisia asioita, jotka ovat miellyttäviä ja mukavia. Nämä opetukset annetaan estämään ihmisten kykyä päästä Tietouteen itsessään, aina siihen pisteeseen asti, jossa ihmiset tuntevat olevansa täysin riippuvaisia korkeammista voimista, joita he eivät voi tunnistaa. Tässä pisteessä he seuraavat mitä tahansa, mitä heille annetaan tehtäväksi, ja vaikka he tuntisivat jonkin olevan pielessä, heillä ei ole enää voimia vastustaa.

Ihmiskunta on elänyt eristyneisyydessä pitkän aikaa. Ehkä uskotaan, että tällaista Interventiota ei voi tapahtua, ja että jokaisella henkilöllä on yksinoikeus omaan tietoisuuteensa ja mieleensä. Mutta nämä ovat vain oletuksia. Meille on kuitenkin kerrottu, että Viisaat teidän maailmassanne ovat oppineet voittamaan nämä oletukset ja saavuttaneet vahvuuden luoda oma mentaalinen ympäristönsä.

Pelkäämme, että sanamme ovat liian myöhässä, ja että niillä on liian vähäinen vaikutus ja että hänellä, jonka valitsimme vastaanottamaan meitä, on liian vähän apua ja tukea laittaa tämä informaatio saataville. Hän tulee kohtaamaan epäuskoisuutta ja pilkkaa, sillä häntä ei uskota, ja hänen puhumansa on ristiriidassa sen kanssa, minkä monet olettavat olevan totta. Erityisesti ne, jotka ovat joutuneet avaruuden muukalaisten taivuttelun valtaan, vastustavat häntä, sillä heillä ei ole valinnanvaraa tässä asiassa.

Tähän kuolemanvakavaan tilanteeseen on kaiken elämän Luoja lähettänyt valmistautumisen – hengellisen kyvykkyyden ja arvostelukyvyn opetuksen, hengellisen voiman ja saavutuksen opetuksen. Me olemme sellaisen opetuksen opiskelijoita, kuten monet ovat kautta maailmankaikkeuden. Tämä opetus on Pyhän väliintulon muoto. Se ei kuulu millekään yksittäiselle maailmalle. Se ei ole minkään yksittäisen rodun omaisuutta. Sitä ei ole rakennettu minkään sankarin tai sankarittaren tai minkään yksilön ympärille. Sellainen valmistautuminen on nyt saatavilla. Sitä tarvitaan. Meidän näkökulmastamme se on tällä hetkellä ainoa asia, joka antaa ihmiskunnalle mahdollisuuden tulla viisaaksi ja arvostelukykyiseksi koskien uutta elämäänne Suuryhteisössä.

Kuten maailmassanne on oman historianne aikana tapahtunut, ensimmäisenä uusiin maihin ovat tulossa löytöretkeilijät ja valloittajat. He eivät tule epäitsekkäistä syistä. He tulevat tavoitellen valtaa, resursseja ja herruutta. Tämä on elämän luonne. Jos ihmiskunta olisi hyvin perillä Suuryhteisön asioista, vastustaisitte mitä tahansa vierailua maailmaanne, ellei keskinäistä sopimusta siitä ole aiemmin tehty. Te tietäisitte tarpeeksi, jotta ette antaisi maailmanne olla niin haavoittuvainen.

Tällä hetkellä enemmän kuin yksi kollektiivi kilpailee etulyöntiasemasta täällä. Tämä asettaa ihmiskunnan keskelle hyvin epätavallisia ja kuitenkin valaisevia olosuhteita. Tästä syystä vierailijoiden viestit vaikuttavat usein epäjohdonmukaisilta. Heidän välillään on ollut konflikteja, mutta silti he neuvottelevat keskenään, jos he tunnistavat yhteisen hyödyn. Tästä huolimatta he kilpailevat edelleen keskenään. Heille tämä on rajaseutua. Heille olette arvokkaita vain, koska olette hyödyllisiä. Jos teitä ei enää pidetä hyödyllisinä, teidät yksinkertaisesti hylätään.

Tämä on suuri haaste maailmanne ihmisille ja eritoten niille, jotka ovat valta-asemassa ja vastuullisessa asemassa – miten tunnistaa hengellisen läsnäolon ja Suuryhteisön vierailun ero. Ja silti miten voitte omata viitekehyksen tällaisen erottamiseen? Missä voitte oppia sellaisia asioita? Kuka teidän maailmassanne on sellaisessa asemassa, että voi opettaa Suuryhteisön todellisuutta? Vain maailmanne ulkopuolelta tuleva opetus voi valmistaa teidät maailman ulkopuoliseen elämään, ja maailman ulkopuolinen elämä on nyt maailmassanne tavoitellen itsensä vakiinnuttamista täällä, tavoitellen vaikutuksensa laajentamista, tavoitellen saada puolelleen ihmisten mieliä, sydämiä ja sieluja kaikkialla. Se on niin yksinkertaista. Ja kuitenkin niin tuhoisaa.

Tämän takia tehtävänämme on antaa näissä viesteissä suuri varoitus, mutta varoitus ei riitä. Ihmistenne keskuudessa täytyy tapahtua tunnistaminen. Ainakin riittävän monen ihmisen kesken täytyy täällä olla ymmärrys siitä todellisuudesta, jota olette nyt kohtaamassa. Tämä on ihmiskunnan historian suurin tapahtuma – suurin uhka ihmisen vapaudelle ja suurin tilaisuus ihmisten yhdistymiselle ja yhteistyölle. Tunnistamme nämä suuret edut ja mahdollisuudet, mutta niiden tuoma lupaus on haihtumassa jokaisena kuluvana päivänä – kun yhä useampi ihminen joutuu siepatuksi, heidän tietoisuutensa uudelleenmuokatuksi ja uudelleenrakennetuksi, ja kun yhä useammat ihmiset opiskelevat vierailijoiden edistämiä henkisiä opetuksia, ja kun yhä useammat ihmiset tulevat myöntyväisemmiksi ja arvostelukyvyttömämmiksi.

Olemme tulleet Näkymättömien pyynnöstä palvelemaan tässä ominaisuudessa tarkkailijoina. Onnistuessamme pysymme maailmanne läheisyydessä vain sen ajan, että voimme antaa teille tämän informaation. Tämän jälkeen palaamme koteihimme. Epäonnistuessamme ja jos ihmiskunta joutuisi vastavirtaan ja suuri pimeys tulisi maailman ylle, alistamisen pimeys, meidän täytyisi erota teistä tehtävämme jäädessä täyttymättä. Oli niin tai näin, me emme voi jäädä tänne kanssanne, kuitenkin jos vaikutatte lupaavilta, me jäämme kunnes te olette suojassa, kunnes te voitte huolehtia itse itsestänne. Tähän sisältyy se vaatimus, että olette omavaraisia. Jos te tulette riippuvaisiksi kaupankäynnistä muiden rotujen kanssa, tämä aiheuttaa hyvin suuren ulkopuolisen manipuloinnin riskin, sillä ihmiskunta ei ole vielä tarpeeksi vahva vastustamaan sellaista mentaalisen ympäristön voimaa, jota täällä voidaan käyttää ja jota täällä tällä hetkelläkin käytetään.

Vierailijat yrittävät luoda sen vaikutelman, että he ovat "ihmiskunnan liittolaisia". He kertovat olevansa täällä pelastamassa ihmiskuntaa itseltään, ja että vain he voivat tarjota suuren toivon, jota ihmiskunta ei voi tarjota itselleen – että vain he voivat luoda todellisen järjestyksen ja harmonian maailmaan. Mutta tämä järjestys ja harmonia on vain heille, ei teille. Ettekä te pääse nauttimaan heidän lupaamastaan vapaudesta.

Uskonnollisten traditioiden ja vakaumusten manipulointi

Jotta voitaisiin ymmärtää vierailijoiden nykyisiä aktiviteetteja maailmassa, täytyy meidän antaa lisää informaatiota heidän aktiivisesta vaikuttamisestaan maailman uskonnollisiin instituutioihin ja arvoihin sekä keskeisiin hengellisiin tuntemuksiin, jotka ovat tyypillisiä luonteellenne, ja jotka monella tavalla ovat tyypillisiä älylliselle elämälle monissa Suuryhteisön osissa.

Aloittakaamme kertomalla, että vierailijoiden tässä maailmassa, tänä aikana suorittamia aktiviteetteja on aiemmin harjoitettu monia kertoja, monissa eri paikoissa, monissa eri Suuryhteisön kulttuureissa. Teidän vierailijanne eivät ole näiden aktiviteettien alkuunpanijoita vaan he ainoastaan hyödyntävät niitä harkintansa mukaan, ja ovat hyödyntäneet niitä monesti aiemmin.

Teidän on tärkeätä ymmärtää, että vaikuttamisen ja manipuloinnin taitoja on kehitetty hyvin korkealle toiminnalliselle tasolle Suuryhteisössä. Sitä mukaa kun lajit tulevat kokeneemmiksi ja teknologisesti kyvykkäämmiksi, ne harjoittavat hienovaraisempaa ja kokonaisvaltaisempaa vaikuttamista toisiinsa. Ihmiset ovat kehittyneet vain tiettyyn tasoon asti kilpaillessaan toistensa kanssa, joten teillä ei ole vielä tätä sopeutumisetua. Tämä itsessään on yksi niistä syistä, miksi esittelemme teille tätä materiaalia. Olette astumassa kokonaan uuteen kokoelmaan olosuhteita, jotka edellyttävät teidän luontaisten kykyjenne kehittämistä, ja myös uusien taitojen oppimista.

Vaikka ihmiskunnan tilanne on ainutlaatuinen, on muiden rotujen esiin astumisia Suuryhteisöön tapahtunut lukemattomia kertoja aiemmin. Sen takia sitä, mihin teidän kohdallanne syyllistytään, on tehty aiemmin. Sitä on kehitetty hyvin pitkälle, ja nyt sitä sovelletaan teidän elämäänne ja teidän tilanteeseenne mielestämme suhteellisen helposti.

Rauhoitusohjelma, jota vierailijat toteuttavat, mahdollistaa osaltaan tämän. Halu rauhallisiin suhteisiin ja halu välttää sotaa ja konfliktia on ihailtavaa, mutta sitä voidaan käyttää, ja sitä todellakin käytetään, teitä vastaan. Jopa teidän kaikkein jaloimpia pyrkimyksiänne voidaan käyttää toisiin tarkoituksiin. Olette nähneet tämän omassa historiassanne, luonteessanne ja omissa yhteiskunnissanne. Rauha voidaan vakiinnuttaa vain viisauden, yhteistyön ja todellisen kyvykkyyden lujalle perustalle.

Ihmiskunta on luontaisesti pitänyt huolta rauhanomaisten suhteiden luomisesta omien heimojensa ja kansakuntiensa keskuudessa. Nyt sillä on kuitenkin suurempi kokoelma ongelmia ja haasteita. Näemme nämä tilaisuutena kehittymisellenne, sillä vain Suuryhteisöön astumisen haaste voi yhdistää maailman ja antaa perustan sille, että tämä yhdistyminen on aito, vahva ja tehokas.

Näin ollen emme ole tulleet tänne kritisoimaan uskonnollisia instituutioitanne tai teidän keskeisimpiä tuntemuksianne ja arvojanne, vaan näyttämään, miten niitä käytetään teitä vastaan niiden avaruuden rotujen toimesta, jotka ovat puuttumassa maailmanne asioihin. Ja mikäli se on meidän vallassamme, toivomme kannustavamme lahjojenne ja saavutustenne oikeanlaista soveltamista maailmanne, vapautenne ja rotunne yhtenäisyyden suojelemiseksi Suuryhteisön tasolla.

Vierailijat ovat pohjimmiltaan käytännöllisiä lähestymistavassaan. Tämä on sekä vahvuus että heikkous. Kun olemme tarkkailleet heitä sekä täällä että muualla olemme huomanneet, että heille on vaikeaa poiketa suunnitelmistaan. He eivät sopeudu muutoksiin hyvin, eivätkä he osaa käsitellä monimutkaisuutta kovin tehokkaasti. Tämän takia he toteuttavat suunnitelmaansa melkeinpä varomattomalla tavalla, sillä he tuntevat olevansa oikealla asialla ja etulyöntiasemassa. He eivät usko, että ihmiskunta nousee heitä vastaan – ei ainakaan sellaisella vastarinnalla, joka heihin suuresti vaikuttaisi. Ja he kokevat omien salaisuuksiensa ja agendansa olevan hyvin suojassa ja ihmisen käsityskyvyn ulkopuolella.

Tässä valossa toimintamme antaessamme tämän materiaalin teille tekee meistä heidän vihollisiaan, heidän silmissään varmasti. Kuitenkin omissa silmissämme pyrimme ainoastaan olemaan vastavoimana heidän vaikutukselleen ja antamaan teille tarvitsemaanne ymmärrystä sekä sitä näkökulmaa, johon teidän täytyy turvautua suojellaksenne vapauttanne rotuna ja tullaksenne toimeen Suuryhteisön realiteettien kanssa.

Johtuen heidän lähestymistapansa käytännönläheisestä luonteesta he toivovat saavuttavansa tavoitteensa niin tehokkaasti kuin mahdollista. He toivovat yhdistävänsä ihmiskunnan, mutta vain liittyen heidän omaan osallistumiseensa ja aktiviteetteihinsa maailmassa. Heille ihmiskunnan yhdistyminen on käytännöllinen asia. He eivät arvosta kulttuurien moninaisuutta – he eivät taatusti arvosta sitä omissa kulttuureissaan. Siispä he yrittävät mahdollisuuksien mukaan hävittää sen tai minimoida sitä, missä ikinä he käyttävätkin vaikutusvaltaansa.

Aiemmassa selonteossamme puhuimme vierailijoiden vaikutuksesta hengellisyyden uusissa muodoissa – tällä hetkellä maailmassanne olevista uusista ideoista ja ilmaisuista ihmisen jumalallisuudesta ja ihmisen luonnosta. Keskustelumme tässä vaiheessa haluaisimme keskittyä perinteisiin arvoihin ja instituutioihin, joihin vierailijanne pyrkivät vaikuttamaan ja vaikuttavat tänä päivänä.

Yrittäessään edistää yhtenäisyyttä ja mukautuvaisuutta vierailijat turvautuvat niihin instituutioihin ja niihin arvoihin, jotka heidän mielestään ovat vakaimpia ja soveltuvimpia heidän käyttöönsä. He eivät ole kiinnostuneita ideoistanne, eivätkä he ole kiinnostuneita arvoistanne, paitsi siltä osin kuin ne edesauttavat heidän agendaansa. Älkää pettäkö itseänne kuvittelemalla, että hengellisyytenne vetää heitä puoleensa, koska heiltä sellainen puuttuu. Tämä olisi typerä ja kenties kohtalokas virhe. Älkää kuvitelko, että he olisivat ihastuneita elämäänne ja niihin asioihin, joita te itse pidätte kiehtovina. Sillä vain harvoissa tapauksissa kykenette vaikuttamaan heihin tällä tavalla. Kaikki luontainen uteliaisuus on jalostettu heistä pois ja hyvin vähän on jäljellä. Itse asiassa heissä on jäljellä hyvin vähän sitä, mitä te kutsuisitte "Hengeksi" ja mitä me kutsuisimme nimellä "Varne" tai "Oivalluksen Tie". He ovat kontrolloituja ja kontrolloivia, ja he seuraavat ajattelutapoja ja käyttäytymistä, jotka ovat lujasti vakiinnutettuja ja ankarasti vahvistettuja. He saattavat näyttää empaattista kiinnostusta ideoihinne, mutta vain saavuttaakseen kuuliaisuutenne.

Maailmanne traditionaalisissa uskonnollisissa instituutioissa he tavoittelevat niiden arvojen ja keskeisten uskomusten hyödyntämistä, jotka voivat tulevaisuudessa auttaa saamaan teidät heille kuuliaisiksi. Antakaamme teille muutamia esimerkkejä, jotka ovat syntyneet niin omista havainnoistamme kuin siitä ymmärryksestä, jonka Näkymättömät ovat meille aikojen saatossa antaneet.

Monet maailmassanne seuraavat kristinuskoa. Meidän mielestämme tämä on ihailtavaa, vaikka se ei toki ole ainoa lähestymistapa olennaisiin kysymyksiin hengellisestä identiteetistä ja elämän tarkoituksesta. Vierailijat tulevat hyödyntämään keskeistä ideaa uskollisuudesta yhdelle johtajalle luodakseen uskollisuutta heidän tarkoitukselleen. Tämän uskonnon yhteydessä samaistumista Jeesus Kristukseen tullaan laajasti hyödyntämään. Hänen maailmaan paluunsa toivo ja lupaus tarjoaa vierailijoillenne täydellisen tilaisuuden erityisesti tämän vuosituhannen vaihteessa.

Meidän käsityksemme on, että todellinen Jeesus ei ole palaamassa maailmaan, sillä hän tekee työtä yhdessä Näkymättömien kanssa palvellen ihmiskuntaa ja myös muita rotuja. Se, joka tulee hänen nimissään, tulee Suuryhteisöstä. Hän on se, joka on syntynyt ja jalostettu tätä tarkoitusta varten niiden kollektiivien toimesta, jotka ovat maailmassa tänä päivänä. Hän näyttää ihmiseltä ja hänellä on merkittäviä kykyjä verrattuna siihen, mitä te voitte tällä hetkellä saavuttaa. Hän vaikuttaa täysin epäitsekkäältä. Hän kykenee antamaan näytöksiä, jotka synnyttävät joko pelkoa tai suurta kunnioitusta. Hän kykenee projisoimaan mielikuvia enkeleistä, demoneista tai mistä tahansa, joita hänen ylempänsä haluavat teille näyttää. Hänellä vaikuttaa olevan hengellisiä kykyjä. Kuitenkin hän tulee Suuryhteisöstä ja hän on osa kollektiivia. Ja hän synnyttää uskollisuutta hänen seuraamiseensa. Ennen pitkää hän yllyttää syrjäyttämään tai tuhoamaan niitä, jotka eivät voi seurata häntä.

Vierailijat eivät piittaa siitä, kuinka moni ihmisistänne tuhotaan, niin kauan kuin enemmistön keskuudessa ollaan heille ensisijaisesti uskollisia. Tämän takia vierailijat keskittyvät niihin keskeisiin ideoihin, jotka antavat heille tämän auktoriteetin ja vaikutusvallan.

Toinen Tuleminen on siis valmisteilla vierailijoidenne toimesta. Todisteita tästä käsityksemme mukaan on jo maailmassa. Ihmiset eivät tiedosta vierailijoiden läsnäoloa tai todellisuuden luonnetta Suuryhteisössä, ja näin ollen he luonnollisesti hyväksyvät omat aiemmat uskomuksensa ilman kysymyksiä tuntiessaan, että heidän Vapahtajansa ja Opettajansa suuren paluun aika on koittanut. Mutta hän, joka tulee, ei tule Taivaasta, hän ei edusta Tietoutta tai Näkymättömiä, eikä hän edusta Luojaa tai Luojan tahtoa. Me olemme nähneet tämän suunnitelman muotoutumisen maailmassa. Me olemme myös nähneet samankaltaisten suunnitelmien toteutusta muissa maailmoissa.

Muiden uskontoperinteiden taholla vierailijat rohkaisevat yhdenmukaisuuteen – siihen, mitä saattaisitte kutsua menneisyyteen perustuvaksi fundamentalistisen tyyppiseksi uskonnoksi, joka perustuu auktoriteettiuskollisuuteen ja instituutioon mukautumiseen. Tämä palvelee vierailijoita. Heitä ei kiinnosta uskonnollisten traditioidenne ideologiat ja arvot vaan ainoastaan niiden hyödyllisyys. Mitä enemmän ihmiset voivat ajatella samalla tavoin, toimia samalla tavoin ja reagoida ennustettavilla tavoilla, sitä hyödyllisempiä he ovat kollektiiveille. Tätä yhdenmukaisuutta edistetään monissa eri traditioissa. Aikomuksena ei ole tehdä niistä kaikista samanlaisia, vaan se, että ne olisivat sisäisesti yksinkertaisia.

Yhdessä osassa maailmaa, yksi tietty uskonnollinen ideologia hallitsee; toisessa osassa maailmaa toisenlainen uskonnollinen ideologia hallitsee. Tämä on täysin hyödyllistä vierailijoillenne, sillä heille ei ole väliä, onko olemassa enemmän kuin yksi uskonto, kunhan on olemassa järjestys, yhdenmukaisuus ja kuuliaisuus. Koska heillä ei ole mitään omaa uskontoa, jota mitenkään voisitte seurata tai johon voisitte samaistua, he hyödyntävät teidän uskontojanne edistääkseen omia arvojaan. Sillä he arvostavat vain täydellistä uskollisuutta heidän asialleen ja kollektiiveilleen, ja tavoittelevat teidän täydellistä kuuliaisuuttanne ja osallistumistanne siten, kuin he määräävät. He tulevat vakuuttamaan teille, että tämä luo rauhaa ja vapautusta maailmalle, ja tähän liittyen minkä tahansa uskonnollisen mielikuvan tai henkilöhahmon paluuta pidetään mitä arvokkaimpana.

Emme yritä sanoa, että keskeiset uskonnot ovat avaruuden muukalaisten hallitsemia, sillä tietomme mukaan uskonto on perustaltaan hyvin vakiintunutta maailmassanne. Sanomme tässä yhteydessä, että niihin liittyviä tuntemuksia ja mekanismeja tuetaan vierailijoiden toimesta ja käytetään heidän omiin tarkoituksiinsa. Sen takia kaikkien niiden, jotka ovat tosiuskovaisia omissa traditioissaan, täytyy tarkkailla huolellisesti havaitakseen nämä vaikutukset ja ryhtyäkseen mahdollisesti vastatoimiin. Tässä kohtaa vierailijat eivät pyri vakuuttamaan maailman keskivertoihmistä, vaan johtohenkilöitä.

Vierailijat uskovat lujasti, että jolleivat he tule väliin riittävän ajoissa, ihmiskunta tuhoaa itsensä ja maailman. Tämä ei perustu totuuteen; se on vain oletus. Vaikka ihmiskunnalla on riski hävittää itsensä, tämä ei välttämättä ole teidän kohtalonne. Mutta kollektiivit uskovat, että asia on näin, ja siksi heidän täytyy toimia kiireellä ja todella panostaa taivutteluohjelmiinsa. Ne, jotka voidaan saada vakuuttuneiksi, arvostetaan hyödyllisiksi; ne, joita ei saada vakuuttuneiksi, hylätään ja syrjäytetään. Jos vierailijoista tulee riittävän vahvoja saamaan maailmassanne täydellinen kontrolli, mukautumattomat yksinkertaisesti eliminoidaan. Kuitenkaan vierailijat eivät tuhotyötä tee. Se toteutetaan maailmassa juuri niiden yksilöiden kautta, jotka ovat joutuneet täydellisesti heidän taivuttelunsa valtaan.

Tämä on kauhistuttava tulevaisuudenkuva, ymmärrämme sen, mutta tässä ei saa olla minkäänlaista väärinkäsitystä, silloin kun teidän täytyy ymmärtää ja vastaanottaa, mitä viesteissämme teille ilmaisemme. Vierailijat eivät pyri ihmiskunnan hävittämiseen vaan ihmiskunnan yhtenäistämiseen. He risteyttävät it-

sensä kanssanne tätä tarkoitusta varten. He yrittävät ohjata tei-
dän uskonnollisia tuntemuksianne ja instituutioitanne tätä tar-
koitusta varten. He vakiinnuttavat asemaansa maailmassa sa-
lakavalalla tavalla tätä tarkoitusta varten. He vaikuttavat halli-
tuksiin ja hallitusten johtohenkilöihin tätä tarkoitusta varten. He
vaikuttavat sotilasvoimiin tätä tarkoitusta varten. Vierailijat luot-
tavat siihen, että he voivat olla menestyksellisiä, sillä toistaiseksi
he ovat nähneet, että ihmiskunta ei ole koonnut tarpeeksi vas-
tarintaa torjuakseen heidän toimiaan tai mitätöidäkseen heidän
agendaansa.

Torjuaksenne tämän teidän täytyy opetella Suuryhteisön Tie-
touden Tietä. Minkä tahansa maailmankaikkeuden vapaan ro-
dun täytyy opetella Tietouden Tietä riippumatta siitä, miten se
heidän omissa kulttuureissaan määritellään. Tämä on yksilölli-
sen vapauden lähde. Tämä mahdollistaa yksilöiden ja yhteis-
kuntien todellisen eheyden ja sen että niillä on se tarpeellinen
viisaus, jolla tullaan toimeen Tietoutta torjuvien vaikutusten
kanssa, sekä maailmojensa sisällä että Suuryhteisössä. Näin ol-
len on tarpeen oppia uusia toimintatapoja, sillä olette astumassa
uuteen tilanteeseen, jossa on uusia voimia ja uusia vaikutuksia.
Tämä ei todellakaan ole vain jokin tulevaisuuden asia vaan väli-
tön haaste. Elämä maailmankaikkeudessa ei odota kunnes olette
valmiita. Asioita tapahtuu riippumatta siitä, oletteko valmistautu-
neita vai ette. Vierailua on tapahtunut ilman hyväksyntäänne ja
ilman lupaanne. Ja teidän perustavanlaatuisia oikeuksianne riko-
taan huomattavasti suuremmassa määrin kuin vielä tiedostatte.

Tämän johdosta meidät on lähetetty tänne, ei ainoastaan an-
tamaan näkemyksemme ja rohkaisumme, mutta myös tuomaan

kutsumusta, hälyttämään, inspiroimaan tiedostamista ja sitoutumista. Olemme sanoneet aiemmin, että emme voi pelastaa rotuanne sotilaallisella väliintulolla. Tämä ei ole roolimme. Ja vaikkakin yrittäisimme tehdä näin ja kokoaisimme voimat tällaisen suunnitelman toteuttamiseen, teidän maailmanne tuhoutuisi. Voimme vain neuvoa.

Tulette näkemään tulevaisuudessa uskonnollisen vakaumuksen raivokkuuden väkivaltaisin tavoin ilmentyen, osoitettuna niitä ihmisiä kohtaan, jotka eivät ole samaa mieltä, kansakuntia kohtaan, joilla on vähemmän voimaa, ja käytettynä hyökkäyksen ja tuhon aseena. Vierailijoiden mielestä mikään ei olisi parempaa kuin se, että uskonnolliset instituutionne hallitsisivat kansakuntia. Tätä teidän täytyy vastustaa. Vierailijoiden mielestä mikään ei olisi parempaa kuin se, että kaikki jakaisivat uskonnolliset arvot, sillä tämä lisäisi heidän työvoimaansa ja tekisi heidän tehtävästään helpomman. Kaikissa ilmenemismuodoissa tällainen vaikutus pelkistyy pohjimmiltaan kuuliaisuudeksi ja alistamiseksi – tahdon alistamiseksi, tarkoituksen alistamiseksi, yksilön elämän ja kykyjen alistamiseksi. Kuitenkin tätä tullaan ylistämään suureksi saavutukseksi ihmiskunnalle, suureksi edistysaskeleeksi yhteiskunnalle, uudeksi yhtenäisyydeksi ihmisrodulle, uuden rauhan ja tasapainon toivoksi, ihmisen hengen voitoksi ihmisen vieteistä.

Sen tähden tulemme neuvomaan ja rohkaisemaan sinua pidättäytymään tekemästä epäviisaita päätöksiä, antamasta elämääsi asioille, joita et ymmärrä, ja alistamasta arvostelukykyäsi ja harkintaasi minkään luvatun palkkion vuoksi. Ja meidän täytyy rohkaista sinua olla pettämättä Tietoutta itsessäsi, sitä hengellistä älyä, minkä kanssa sinä olet syntynyt, ja mikä nyt pitää sisällään ainoan ja suurimman lupauksesi.

Ehkä kuullessanne tämän näette maailmankaikkeuden paikkana täysin vailla Armoa. Ehkä tulette kyyniseksi ja pelokkaaksi – ajattelette, että ahneus on universaalia. Mutta näin ei ole. Se mitä nyt tarvitaan on, että teidän on vahvistuttava, tultava vahvemmaksi kuin olette, vahvemmaksi kuin olette olleet. Älkää toivottako tervetulleeksi kommunikointia niiltä, jotka ovat sekaantumassa asioihinne maailmassanne, ennen kuin teillä on tämä vahvuus. Älkää avatko mieliänne ja sydämiänne vierailijoille maailman ulkopuolelta, sillä he tulevat tänne omissa tarkoituksissaan. Älkää kuvitelko, että he täyttävät teidän uskonnolliset profetianne tai korkeimmat ihanteenne, sillä tämä on harhakuvitelmaa.

Suuryhteisössä on suuria hengellisiä voimia – yksilöitä ja jopa kansakuntia, jotka ovat saavuttaneet hyvin korkean taitotason, ylittäen pitkälti sen, mitä ihmiskunta on osoittanut tähän asti. Mutta he eivät tule ja ota muita maailmoja hallintaansa. He eivät edusta maailmankaikkeuden poliittisia ja taloudellisia voimia. He eivät ole osallisina kaupankäynnissä kuin vain sen verran, että saavat täytetyksi omat perustarpeensa. He matkustavat harvoin, paitsi hätätilanteissa.

Lähettiläitä lähetetään auttamaan niitä, jotka ovat astumassa Suuryhteisöön, sellaisia lähettiläitä kuin me. Ja on myös olemassa henkisiä lähettiläitä – on Näkymättömien voima, joka voi puhua niille, jotka ovat valmiita vastaanottamaan ja jotka osoittavat hyvää sydäntä ja ovat lupaavia. Tällä tavalla Jumala tekee työtä maailmankaikkeudessa.

Olette astumassa vaikeaan uuteen ympäristöön. Maailmanne on hyvin arvokas muille. Teidän täytyy suojella sitä. Teidän täytyy varjella luonnonvarojanne, jotta teidän ei tarvitse olla riippuvaisia kaupankäynnistä muiden kansakuntien kanssa elämänne perustarpeista. Jos ette varjele luonnonvarojanne, tulette olemaan pakotettuja luopumaan suuresta osasta vapauttanne ja omavaraisuuttanne.

Hengellisyytenne pitää olla vakaata. Sen pitää perustua todelliseen kokemukseen, sillä arvoja ja uskomuksia, rituaaleja ja perinteitä voivat vierailijat käyttää hyväkseen ja he käyttävät niitä hyväkseen omaan tarkoitukseensa.

Tässä alatte nähdä, että vierailijanne ovat hyvin haavoittuvia tietyillä alueilla. Tutustukaamme tähän asiaan tarkemmin. Yksilötasolla heillä on hyvin vähän omaa tahtoa ja heillä on vaikeuksia käsitellä monimutkaisuutta. He eivät ymmärrä teidän henkistä luonnettanne. Ja he mitä varmimmin eivät ymmärrä Tietouden tuntemuksia. Mitä vahvempi olet Tietouden kanssa, sitä vaikeaselkoisempi sinusta tulee, sitä vaikeampi sinua on kontrolloida ja sitä hyödyttömämmäksi tulet heille ja heidän integraatio-ohjelmalleen. Mitä useampi yksilö tulee vahvaksi Tietoudessa, sitä vaikeampaa vierailijoiden on eristää heidät.

Vierailijoilla ei ole fyysistä vahvuutta. Heidän voimansa on mentaalisessa ympäristössä ja heidän teknologian käytössään. Heidän määränsä on pieni verrattuna teidän määräänne. He ovat täysin riippuvaisia teidän kuuliaisuudestanne, ja he ovat ylen varmoja onnistumisestaan. Perustuen heidän tähänastisiin kokemuksiinsa, ei ihmiskunta ole tarjonnut merkittävää vastarintaa. Kuitenkin mitä vahvempia olette Tietoudessa, sitä enemmän teistä tulee interventiota ja manipulointia vastustava voima, ja sitä enemmän teistä tulee rotunne vapauden ja yhtenäisyyden voimavara.

Vaikkakaan moni ei ehkä kykene kuulemaan viestiämme, on sinun reaktiosi tärkeä. Ehkä on helppoa olla epäuskoinen läsnäolomme ja todellisuutemme suhteen ja reagoida viestiämme vastustaen, ja kuitenkin me puhumme Tietouden myötävaikutuksesta. Tämän takia sen mitä sanomme, voi tietää sisimmässään, jos on vapaa tietämään sen.

Ymmärrämme, että esityksellämme haastamme monia uskomuksia ja tottumuksia. Jopa meidän ilmestymisemme tänne näyttää selittämättömältä ja monet torjuvat sen. Kuitenkin sanamme ja viestimme voi resonoida sinussa, koska puhumme Tietoudesta käsin. Totuuden voima on suurin voima maailmankaikkeudessa. Sillä on voima vapauttaa. Sillä on voima tuoda valaistumista. Ja sillä on voima antaa vahvuutta ja itseluottamusta niille, jotka sitä tarvitsevat.

Meille on kerrottu, että ihmisen omatunto on erittäin arvostettu, vaikkakaan sitä ei ehkä aina seurata. Juuri tästä me puhumme, kun puhumme Tietouden Tiestä. Se on perustana kaikille teidän todellisille hengellisille tuntemuksillenne. Se sisältyy jo uskontoihinne. Se ei ole uutta teille. Mutta sitä täytyy pitää arvossa, tai ponnistelumme ja Näkymättömien ponnistelut valmistaa ihmiskunta Suuryhteisöä varten eivät tule olemaan menestyksellisiä. Liian harva vastaa kutsuun. Ja totuus tulee olemaan taakka heille, sillä he eivät kykene jakamaan sitä tehokkaasti.

Tämän takia emme ole tulleet tänne kritisoimaan teidän us-konnollisia instituutioitanne tai tapojanne, vaan vain kuvaile-maan kuinka niitä voidaan käyttää teitä vastaan. Emme ole täällä korvataksemme niitä tai kieltääksemme ne, vaan näyttääk-semme, kuinka todellisen eheyden täytyy läpäistä nämä instituu-tiot ja tavat, jotta ne palvelisivat teitä aidolla tavalla.

Suuryhteisössä hengellisyys kiteytyy siihen, mitä kutsumme Tietoudeksi – Tietous tarkoittaen Hengen älykkyyttä ja Hengen liikettä sinussa. Tämä voimaannuttaa sinut tietämään, eikä vain uskomaan. Tämä tekee sinusta immuunin taivuttelulle ja ma-nipuloinnille, sillä Tietoutta ei voi mikään voima maailmassa manipuloida. Tämä antaa elämän uskonnoillenne ja toivoa koh-taloonne.

Me olemme uskollisia näille ideoille, sillä ne ovat keskeisiä. Kollektiiveista nämä kuitenkin puuttuvat, ja mikäli kohtaisit kol-lektiiveja tai jopa niiden läsnäolon, ja sinulla olisi voima pitää yllä oma mielesi, niin tulet näkemään tämän itse.

Meille on kerrottu, että maailmassa on monia ihmisiä, jotka haluavat antaa itsensä, antaa itsensä korkeammille voimille elä-mässä. Tämä ei ole ihmiskunnan maailmassa ainutlaatuista, mutta Suuryhteisössä tällainen lähestymistapa johtaa orjuuteen. Ymmärryksemme mukaan teidän maailmassanne, ennen kuin vierailijat olivat täällä näin lukuisina, tällainen lähestymistapa johti usein orjuuteen. Mutta Suuryhteisössä te olette haavoit-tuvaisempia ja teidän täytyy olla viisaampia, varovaisempia ja omavaraisempia. Holtittomuus tässä tuo mukanaan raskaan hin-nan ja suuren epäonnen.

Jos kykenet vastaamaan Tietoudelle ja oppimaan Suuryhteisön Tietouden Tietä, kykenet näkemään nämä asiat itse. Silloin vahvistat sanamme sen sijaan, että ainoastaan uskot niihin tai kiellät ne. Luoja tekee tämän mahdolliseksi, sillä Luojan tahto on, että ihmiskunta valmistautuu tulevaisuuteensa. Siksi olemme tulleet. Siksi olemme tarkkailemassa, ja meillä on nyt tilaisuus raportoida näkemämme.

Maailman uskonnolliset traditiot kertovat hyvää teistä niiden olennaisissa opetuksissa. Meillä on ollut tilaisuus oppia niistä Näkymättömiltä. Mutta ne edustavat myös potentiaalista heikkoutta. Jos ihmiskunta olisi enemmän varuillaan ja ymmärtäisi Suuryhteisön elämän realiteetteja ja ennenaikaisten vierailujen tarkoituksen, riskinne eivät olisi niin suuria kuin ne tänä päivänä ovat. On olemassa toiveita ja odotuksia, että sellaiset vierailut toisivat suuria palkintoja ja olisivat teille täyttymys. Kuitenkaan ette ole vielä kyenneet oppimaan Suuryhteisön todellisuudesta tai niistä vahvoista voimista, jotka ovat vuorovaikutuksessa maailmanne kanssa. Ymmärryksen puutteenne ja ennenaikainen luottamuksenne vierailijoihin eivät palvele teitä.

Tämä on syynä siihen, että viisaat kautta Suuryhteisön pysyttelevät piilossa. He eivät pyri kaupankäyntiin Suuryhteisössä. He eivät tavoittele jäsenyyttä killoissa ja kaupallisissa yhteistyöelimissä. He eivät tavoittele diplomaattisuhteita monien maailmojen kanssa. Heidän uskollisuuden verkostonsa on mystisempi, luonteeltaan hengellisempi. He ymmärtävät fyysisen universumin elämän realiteeteille altistumisen riskit ja vaikeudet. He ylläpitävät eristäytymistään, ja he pysyvät valppaina rajoillaan.

He tavoittelevat vain viisautensa levittämistä tavoilla, jotka ovat vähemmän fyysisiä luonteeltaan.

Omassa maailmassanne voitte ehkä nähdä tämän ilmenevän niissä, jotka ovat viisaimpia, lahjakkaimpia, jotka eivät tavoittele henkilökohtaista etua kaupallista kautta, ja jotka eivät harjoita valloittamista ja manipulointia. Teidän oma maailmanne kertoo teille niin paljon. Teidän oma historianne kertoo teille niin paljon ja havainnollistaa, vaikkakin pienemmässä mittakaavassa, kaiken mitä me tässä olemme teille esittämässä.

Näin ollen meidän aikomuksemme ei ole vain varoittaa teitä tilanteenne vakavuudesta, vaan antaa teille, jos voimme, tarvitsemanne laajempi näkemys ja ymmärrys elämästä. Ja luotamme siihen, että riittävän moni voi kuulla nämä sanat ja vastata Tietouden suuruuteen. Toivomme olevan niitä, jotka voivat tunnistaa, että viestimme eivät ole täällä herättämässä pelkoa ja paniikkia, vaan synnyttämässä vastuuntuntoa ja sitoutumista vapauden ja hyvän varjelemiseksi maailmassanne.

Jos ihmiskunta epäonnistuu Intervention vastustamisessa, voimme antaa kuvauksen siitä, mitä tämä tarkoittaisi. Olemme nähneet sen muualla, sillä kukin meistä tuli hyvin lähelle sitä omissa maailmoissamme. Ollessaan osa kollektiivia, planeetta Maata louhitaan sen luonnonvarojen takia, sen ihmiset kerätään töihin ja sen kapinalliset ja vääräuskoiset joko syrjäytetään tai eliminoidaan. Maailma säilytetään maanviljelyksen ja louhintaintressien tähden. Ihmisen yhteiskuntia tulee olemaan, mutta vain maailman ulkopuolelta tulleiden voimien alaisuudessa. Ja mikäli maailma kuluttaa hyödyllisyytensä loppuun, mikäli sen luonnonvarat otetaan kokonaan, teidät jätetään, riistettynä. Teitä kannatteleva elämä maailmassanne on otettu pois teiltä; selviytymisen oleellisimmat keinot on varastettu teiltä. Tämä on tapahtunut aiemmin monissa muissa paikoissa.

Tämän maailman tapauksessa, kollektiivit saattavat päätyä säilyttämään maailman jatkuvaan käyttöön strategisena asemapaikkana ja biologisena varastona. Silti ihmisväestö tulisi kärsimään hirvittävästi tällaisen sortohallinnon alaisuudessa. Ihmiskunnan väkilukua vähennettäisiin. Ihmiskunnan hallinta annettaisiin niille, jotka on jalostettu johtamaan ihmisrotua tässä uudessa järjestyksessä. Ihmisen vapautta sellaisena kuin te sen tunnette, ei enää olisi olemassa, ja te kärsisitte vieraan vallan taakan alla, kovan ja vaativan vallan.

Suuryhteisössä on monia kollektiiveja. Jotkut niistä ovat suuria; jotkut niistä ovat pieniä. Jotkut niistä ovat eettisempiä taktiikassaan; monet eivät ole. Siinä määrin kuin ne kilpailevat keskenään sellaisista tilaisuuksista kuin maailmanne hallinta, voidaan syyllistyä vaarallisiin aktiviteetteihin. Meidän on annettava tämä kuvaus, jotta teillä ei ole mitään epäilystä siitä, mitä me olemme sanomassa. Edessänne olevat valinnat ovat hyvin rajallisia, mutta erittäin perustavia.

Tämän takia ymmärtäkää, että vierailijoidenne näkökulmasta olette kaikki heimoja, joita pitää hallita ja kontrolloida, jotta palvelisitte vierailijoiden intressejä. Tätä varten uskontonne ja sosiaalisen todellisuutenne tietty taso säilytetään. Mutta menetätte huomattavan paljon. Ja paljon tulee katoamaan ennen kuin tajuatte, mitä teiltä on viety. Tämän takia voimme vain puhua valppauden, vastuullisuuden ja oppimiseen sitoutumisen puolesta – Suuryhteisön elämästä oppimisesta, sen oppimisesta miten suojellaan omaa kulttuuria ja omaa todellisuutta laajemmassa ympäristössä ja sen oppimisesta miten ymmärretään kuka teitä täällä palvelee ja kuinka erotetaan heidät niistä, jotka eivät sitä tee. Tämä suurempi arvostelukyky on niin tarpeen maailmassanne, jopa teidän omien vaikeuksienne ratkaisemisessa. Mutta koskien teidän selviytymistänne ja hyvinvointianne Suuryhteisössä, on se ehdottoman oleellinen.

Tämän takia kannustamme teitä rohkeuteen. Meillä on enemmän kerrottavana teille.

Kynnys: uusi toivo ihmiskunnalle

Jotta voisi valmistautua maailmassa olevien avaruuden muukalaisten läsnäoloon, on tarpeellista oppia enemmän elämästä Suuryhteisössä – elämästä, joka ympäröi maailmanne tulevaisuudessa – elämästä, jonka osana tulette olemaan.

Ihmiskunnan kohtalona on aina ollut astuminen älyllisen elämän Suuryhteisöön. Tämä on väistämätöntä ja tapahtuu kaikissa niissä maailmoissa, joissa älyllinen elämä on saanut alkunsa ja kehittynyt. Olisitte ajan myötä oivaltaneet elävänne Suuryhteisössä. Ja aikanaan olisitte huomanneet, että ette ole yksin maailmassanne, että vierailu on tapahtumassa, ja että teidän pitää oppia kamppailemaan kaikenmoisten rotujen, voimien, uskomusten ja asenteiden kanssa, jotka vallitsevat siinä Suuryhteisössä, jossa te elätte.

Astuminen Suuryhteisöön on kohtalonne. Eristyneisyytenne on nyt ohi. Vaikka maailmassanne on vierailtu monia kertoja menneisyydessä, teidän eristyneisyyden tilanne on tullut päätepisteeseensä. Nyt teidän on välttämätöntä tiedostaa, että ette ole enää yksin – maailmankaikkeudessa tai edes omassa maailmassanne. Tämä ymmärrys on esitetty täydellisemmin Suuryhteisön Hengellisyyden opetuksessa, joka on annettu maailmalle tähän aikaan. Meidän roolimme on kuvailla elämää sellaisena, kuin se esiintyy Suuryhteisössä, jotta teillä olisi syvempi ymmärrys siitä elämän laajemmasta panoraamasta, johon olette astumassa. Tämä on välttämätöntä voidaksenne lähestyä tätä uutta todellisuutta objektiivisemmin, ymmärtävämmin ja viisaammin. Ihmiskunta on elänyt suhteellisessa eristyksessä niin pitkään, että sille on luonnollista ajatella muun maailmankaikkeuden toimivan niiden ideoiden, periaatteiden ja sen tieteen mukaan, joita pidätte pyhinä ja joihin aktiviteettinne ja näkemyksenne maailmasta perustuvat.

Suuryhteisö on suunnaton. Sen kaukaisimpia rajoja ei ole koskaan tutkittu. Se on suurempi kuin mikään rotu voi käsittää. Tässä suurenmoisessa luomuksessa älyllistä elämää esiintyy kaikilla evoluution tasoilla ja lukemattomina ilmenemismuotoina. Maailmanne sijaitsee siinä osassa Suuryhteisöä, joka on varsin hyvin asutettu. On monia Suuryhteisön alueita, joita ei ole koskaan tutkittu ja on toisia alueita, joissa rotuja elää salassa. Kaikki elämän ilmenemismuodot esiintyvät Suuryhteisössä. Ja vaikka elämä sellaisena kuin olemme sen kuvailleet vaikuttaa vaikealta ja haasteelliselta, Luoja tekee työtä kaikkialla lunastaen erillisiä Tietouden kautta.

Suuryhteisössä ei voi olla yhtä uskontoa, yhtä ideologiaa tai yhtä hallitusmuotoa, jota voisi sovittaa kaikkiin rotuihin ja kaikkiin kansoihin. Näin ollen kun puhumme uskonnosta, puhumme Tietouden hengellisyydestä, sillä tämä Tietouden voima ja läsnäolo asuu kaikessa älyllisessä elämässä – teissä, vierailijoissanne ja muissa roduissa, joita kohtaatte tulevaisuudessa.

Täten universaalisesta hengellisyydestä tulee suuri polttopiste. Se tuo yhteen maailmassanne vallitsevat eriävät käsitykset ja ideat, ja antaa teidän omalle henkiselle todellisuudellenne yhteisen perustan. Silti Tietouden opiskeleminen ei ole pelkästään ylentävää, vaan se on oleellista Suuryhteisössä selviytymiselle ja edistymiselle. Kyetäksenne vakiinnuttamaan ja ylläpitämään vapautenne ja itsenäisyytenne Suuryhteisössä riittävän monella ihmisellä maailmassanne täytyy olla kehittyneenä tämä suurempi kyky. Tietous on ainoa osa teissä, jota ei voi manipuloida tai johon ei voi vaikuttaa. Se on kaiken viisaan ymmärryksen ja toiminnan lähde. Siitä tulee välttämättömyys Suuryhteisön ympäristössä jos vapaus on arvostettua, ja jos tahdotte päättää omasta kohtalostanne, ilman että teidät integroidaan kollektiiviin tai toiseen yhteiskuntaan.

Näin ollen, vaikka näytämmekin nykypäivän vakavan tilanteen maailmassa, näytämme myös suurta lahjaa ja suurta lupausta ihmiskunnalle, sillä Luoja ei jättäisi teitä valmistautumattomina Suuryhteisöön, mikä on kaikista kynnyksistä suurin, jonka tulette rotuna kohtaamaan. Meitä on myös siunattu tällä lahjalla. Se on ollut hallussamme monia teidän vuosisatojanne. Olemme sekä valinneet oppia sitä, että meidän on ollut pakko sitä oppia.

Todellakin Tietouden läsnäolo ja voima on se mikä mahdollistaa sen, että puhumme liittolaisinanne ja tarjoamme sitä tietoa, jota annamme näissä tiedonannoissa. Jollemme olisi koskaan löytäneet tällaista suurta Sanomaa, olisimme eristäytyneinä omissa maailmoissamme, kykenemättöminä käsittämään niitä maailmankaikkeuden suurempia voimia, jotka muovaisivat tulevaisuuttamme ja kohtaloamme. Sillä lahja, joka on maailmassanne näinä päivinä annettu, on annettu meille ja myös monille muille lupaavilta vaikuttaneille roduille. Tämä lahja on erityisen tärkeä sellaisille orastaville roduille kuin omanne, jotka ovat niin lupaavia ja kuitenkin niin haavoittuvia Suuryhteisössä.

Näin ollen vaikka maailmankaikkeudessa ei voikaan olla vain yhtä uskontoa tai ideologiaa, on olemassa universaali periaate, ymmärrys ja hengellinen todellisuus, joka on kaikkien ulottuvilla. Niin täydellinen se on, että se voi puhutella niitä, jotka ovat huomattavan erilaisia kuin te. Se puhuu elämän monimuotoisuudelle sen kaikissa ilmenemismuodoissa. Teillä, omassa maailmassanne asuessanne, on nyt tilaisuus oppia sellaisesta suuresta todellisuudesta, kokea itse sen voima ja armo. Todellakin tämä on viime kädessä se lahja, jota haluamme vahvistaa, sillä se säilyttää vapautenne ja itsemääräämisoikeutenne, ja avaa oven johonkin lupaavampaan maailmankaikkeudessa.

Kuitenkin alkuun on vastoinkäymisiä ja suuria haasteita. Tämä edellyttää että opit syvempää Tietoutta ja laajempaa tietoisuutta. Mikäli vastaat tähän haasteeseen, et ole vain itse edunsaajana vaan koko rotusi on.

Suuryhteisön Hengellisyyden opetus on annettu maailmalle näinä päivinä. Sitä ei ole koskaan aiemmin annettu täällä. Se on annettu yhden henkilön kautta, joka palvelee tämän tradition välittäjänä ja puolestapuhujana. Se on lähetetty maailmaan näinä kriittisinä aikoina, kun ihmiskunnan täytyy oppia elämästään Suuryhteisössä ja niistä suuremmista voimista, jotka tänä päivänä muokkaavat maailmaa.

Vain maailman ulkopuolelta annettu opetus ja ymmärrys mahdollistavat teille tämän edun ja tämän valmistautumisen.

Ette ole yksin suorittamassa näin suurta tehtävää, sillä maailmankaikkeudessa on muita suorittamassa sitä, jopa teidän kehitystasollanne. Olette vain yksi monista roduista astumassa Suuryhteisöön samaan aikaan. Kaikki ovat lupaavia, ja kuitenkin kaikki ovat alttiina vaikeuksille, haasteille ja vaikutuksille, joita esiintyy tässä suuremmassa ympäristössä. Todellakin monet rodut ovat menettäneet vapautensa, ennen kuin se oli edes saavutettu vain tullakseen osaksi kollektiivia tai kaupallista kiltaa tai osaksi suurempia valtoja.

Emme halua nähdä tämän tapahtuvan ihmiskunnalle, sillä se olisi suuri menetys. Tästä syystä olemme täällä. Tästä syystä Luoja on aktiivinen maailmassa tänä päivänä tuoden uutta ymmärrystä ihmissuvulle. Ihmiskunnan on aika lopettaa loputtomat konfliktinsa itsensä kanssa ja valmistautua elämään Suuryhteisössä.

Asutte alueella, jossa on huomattavan paljon aktiivisuutta pikkuruisen aurinkokuntanne rajojen ulkopuolella. Tällä alueella kauppaa käydään tiettyjen reittien varrella. Maailmat ovat kanssakäymisessä, kilpailevat ja ovat joskus konfliktissa keskenään. Tilaisuuksia etsivät kaikki, joilla on kaupallisia intressejä. Ne eivät etsi vain luonnonvaroja vaan myös kaltaisianne maailmoja alamaisikseen. Jotkut ovat osa laajempaa kollektiivia. Toiset ylläpitävät omia liittoumiaan paljon pienemmässä mittakaavassa.

Ne maailmat, jotka ovat kyenneet astumaan Suuryhteisöön menestyksellisesti, ovat joutuneet mittavasti ylläpitämään autonomiaansa ja omavaraisuuttaan. Tämä vapauttaa heidät altistumasta muille voimille, jotka vain riistäisivät ja manipuloisivat heitä.

Todellakin teidän omavaraisuutenne ja ymmärryksenne kehittyminen ja yhtenäisyytenne ovat kaikkein oleellisimpia teidän hyvinvoinnillenne tulevaisuudessa. Ja tämä tulevaisuus ei ole kaukana, sillä vierailijoiden vaikutus on jo lisääntymässä maailmassanne. Monet yksilöt ovat jo heille alistuneet ja palvelevat nyt heidän lähettiläinään ja välikäsinään. Monet muut yksilöt palvelevat pelkkinä resursseina heidän geneettiselle ohjelmalleen. Tämä on tapahtunut, kuten olemme sanoneet, monta kertaa monissa paikoissa. Se ei ole meille mysteeri, vaikka sen täytyy näyttää teistä käsittämättömältä.

Interventio on sekä epäonni että elintärkeä mahdollisuus. Jos kykenette vastaamaan, jos kykenette valmistautumaan, jos kykenette oppimaan Suuryhteisön Tietoutta ja Viisautta, silloin kykenette vastustamaan voimia, jotka ovat sekaantumassa maailmaanne ja rakentamaan perustan suuremmalle yhtenäisyydelle omien ihmistenne ja heimojenne keskuudessa. Me tietenkin kannustamme tätä, sillä se vahvistaa Tietouden yhdyssidettä kaikkialla.

Suuryhteisössä sodankäyntiä tapahtuu harvemmin laajassa mittakaavassa. On olemassa rajoittavia voimia. Ensinnäkin sodankäynti haittaa kaupankäyntiä ja luonnonvarojen kehitystä. Tämän johdosta holtitonta käytöstä ei sallita suurilta valtioilta, sillä se hidastaa tai estää muiden osapuolien, muiden valtioiden ja muiden intressien tavoitteita. Sisällissotia esiintyy maailmoissa aika ajoin, mutta laajan mittakaavan sodankäynti yhteiskuntien ja maailmojen välillä on todellakin harvinaista. Osittain tästä syystä mentaalisen ympäristön taidot ovat vakiintuneet, sillä valtiot kilpailevat keskenään ja yrittävät vaikuttaa toinen toisiinsa. Koska kukaan ei halua tuhota luonnonvaroja ja mahdollisuuksia, näitä korkeampia taitoja ja kyvykkyyksiä harjoitetaan enemmän tai vähemmän menestyksekkäästi monissa yhteiskunnissa Suuryhteisössä. Kun tämän kaltaista vaikuttamista esiintyy, on tarve Tietoudelle yhä suurempi.

Ihmiskunta on huonosti valmistautunut tähän. Kuitenkin johtuen rikkaasta hengellisestä perinnöstänne ja yksilönvapauden määrästä maailmassanne tänä päivänä, on olemassa toivoa, että kykenisitte edistymään tässä suuremmassa ymmärryksessä, ja näin ollen turvaamaan vapautenne ja suojelemaan sitä.

On olemassa muita rajoitteita sodankäynnille Suuryhteisössä. Useimmat kauppaa käyvät yhteiskunnat kuuluvat suuriin kiltoihin, jotka ovat asettaneet lakeja ja ohjesääntöjä jäsenilleen. Niiden tehtävänä on rajoittaa niiden monien tahojen aktiviteetteja, jotka pyrkisivät voimankäyttöön saadakseen pääsyn toisiin maailmoihin ja niiden omistuksessa oleviin luonnonvaroihin. Jos sodankäynti leviäisi laajamittaiseksi, monien rotujen täytyisi osallistua, ja tätä ei tapahdu usein. Ymmärrämme, että ihmiskunta on hyvin sotaisa ja käsittää konfliktin Suuryhteisössä sodankäynniksi, mutta todellisuudessa tulette havaitsemaan, että tällaista ei helposti suvaita, ja voiman sijaan käytössä on muita taivuttelutapoja.

Näin ollen vierailijanne eivät tule maailmaanne suurten so-tavoimien kera. He eivät tule tuoden mukanaan suuria sotajouk-koja, sillä he käyttävät taitoja, jotka ovat palvelleet heitä muilla tavoin – taitoja manipuloida ajatuksia, aikeita ja tunteita niiltä, joita he kohtaavat. Ihmiskunta on hyvin haavoittuvainen tällai-selle taivuttelulle ottaen huomioon sen taikauskon, ristiriidan ja epäluottamuksen määrän, mikä vallitsee maailmassanne näinä aikoina.

Tämän takia ymmärtääksenne vierailijoitanne ja ymmärtääk-senne muita, joita tulette kohtaamaan tulevaisuudessa, täytyy teidän luoda kypsempi lähestymistapa voimankäyttöön ja vaikut-tamiseen. Tämä on elintärkeä osa teidän koulutustanne Suur-yhteisöön. Osa tästä valmistautumisesta annetaan Suuryhteisön Hengellisyyden opetuksessa (engl. *Greater Community Spiritua-lity*), mutta teidän täytyy oppia myös suoran kokemuksen kautta.

Ymmärryksemme mukaan monilla ihmisillä on tällä hetkellä hyvin haaveellinen kuva Suuryhteisöstä. Uskotaan teknologisesti edistyneiden olevan myös hengellisesti edistyneitä, ja kuitenkin voimme vakuuttaa teille, että näin ei ole. Te itse, vaikkakin olette teknologisesti kehittyneempiä nyt kuin te olitte aiemmin, ette ole kehittyneet hengellisesti kovinkaan paljon. Teillä on enemmän valtaa, mutta vallan myötä tulee tarve suuremmalle pidättyväi-syydelle.

Suuryhteisössä on niitä, joilla on huomattavasti enemmän valtaa teknologian tasolla ja jopa ajatuksen tasolla kuin teillä. Te kehitytte selviämään heidän kanssaan, mutta aseistus ei tule ole-maan painopisteenne.

Sillä planeettojen välinen sodankäynti on niin tuhoisaa, että kaikki häviävät. Mitkä ovat sellaisen konfliktin sotasaaliit? Mitä etuja se turvaa? Todellakin, kun sellainen konflikti esiintyy, se tapahtuu avaruudessa ja harvoin maanpäällisissä ympäristöissä. Roistomaiset valtiot ja ne, jotka ovat tuhoisia ja aggressiivisia, torjutaan nopeasti, varsinkin jos he ovat taajaan asutuilla alueilla, missä käydään kauppaa.

Tämän takia teidän on oleellista ymmärtää konfliktin luonne maailmankaikkeudessa, koska tämä antaa teille näkemyksen vierailijoista ja heidän tarpeistaan – miksi he toimivat sillä tavalla kuin toimivat, miksi yksilönvapaus on heidän keskuudessaan tuntematon ja miksi he turvautuvat kollektiiveihinsa. Näin he saavat pysyvyyttä ja valtaa, mutta se tekee heidät myös haavoittuviksi niille, joilla on taitoja Tietoudessa.

Tietous mahdollistaa ajattelemisen monenlaisella tavalla, toimimaan spontaanisti, havaitsemaan todellisuuden ilmeisen takana ja kokemaan tulevaisuuden ja menneisyyden. Sellaiset kyvyt ovat niiden ulottumattomissa, jotka voivat ainoastaan seurata kulttuuriensa ohjeita ja saneluita. Olette teknologisesti kaukana vierailijoitanne jäljessä, mutta teillä on toiveita kehittyä Tietouden Tien taidoissa – taidoissa, joita tulette tarvitsemaan, ja joihin teidän täytyy oppia turvautumaan enenevässä määrin.

Emme olisi Ihmiskunnan Liittolaisia, ellemme opettaisi teille elämästä Suuryhteisössä. Olemme nähneet paljon. Olemme kohdanneet monia erilaisia asioita. Maailmamme vallattiin, ja meidän täytyi ottaa vapautemme takaisin. Tiedämme, virheisiin ja kokemukseen perustuen, konfliktin luonteen ja sen haasteen luonteen mitä kohtaatte tänä päivänä. Siitä syystä sovellumme hyvin tähän tehtävään palvelemaan teitä. Kuitenkaan ette tule tapaamaan meitä, ja emme tule tapaamaan kansakuntienne johtajia. Tämä ei ole tarkoituksemme.

Todellakin tarvitsette niin vähän asioihinne puuttumista kuin mahdollista, mutta tarvitsette paljon apua. Teidän täytyy kehittää uusia kykyjä ja teidän täytyy saavuttaa uusi ymmärrys. Jopa hyväntahtoisella yhteiskunnalla, jos se tulisi maailmaanne, olisi teihin sellainen vaikutus ja sysäys, että tulisitte heistä riippuvaisiksi ettekä kehittäisi omaa voimaanne, valtaanne ja omavaraisuuttanne. Olisitte niin riippuvaisia heidän teknologiastaan ja heidän ymmärryksestään, että he eivät kykenisi jättämään teitä. Ja todellakin, heidän tulonsa tänne tekisi teistä vieläkin haavoittuvaisempia väliintulolle tulevaisuudessa. Sillä haluaisitte heidän teknologiaansa ja haluaisitte matkata kauppareiteillä Suuryhteisössä. Kuitenkaan ette olisi valmistautuneita ettekä olisi viisaita.

Tästä syystä tulevat ystävänne eivät ole täällä. Tästä syystä he eivät tule auttamaan teitä. Sillä teistä ei tulisi vahvoja, jos he näin tekisivät. Haluaisitte liittyä heihin, haluaisitte liittoutumia heidän kanssaan, mutta olisitte niin heikkoja, että ette voisi suojella itseänne. Pohjimmiltaan tulisitte osaksi heidän kulttuuriaan, ja sitä he eivät halua.

Ehkäpä monet ihmiset eivät kykene ymmärtämään sitä, mitä nyt tässä sanomme, mutta aikanaan tämä on teille täysin järkeenkäypää, ja te tulette näkemään sen viisauden ja sen välttämättömyyden. Tällä hetkellä olette aivan liian heikkoja, levottomia ja ristiriitaisia muodostamaan vahvoja liittoumia jopa niiden kanssa, jotka voisivat olla tulevia ystäviänne. Ihmiskunta ei voi vielä puhua yhdellä äänellä, ja näin ollen olette alttiita väliintulolle ja ulkopuolelta tulevalle manipuloinnille.

Sitä mukaa kun Suuryhteisön todellisuus tulee tunnetummaksi maailmassanne, ja jos viestimme voi tavoittaa riittävän määrän ihmisiä, tulee olemaan kasvava yksimielisyys siitä, että ihmiskunnalla on edessään suurempi ongelma. Tämä voi luoda uuden pohjan yhteistyölle ja yhteisymmärrykselle. Sillä mitä mahdollista etua yhdellä kansakunnalla voi olla muiden kustannuksella, jos Interventio uhkaa koko maailmaa? Ja miten joku voisi pyrkiä yksilölliseen valtaan ympäristössä, jossa avaruuden muukalaisten voimat ovat sekaantumassa asioihin? Jotta vapaus olisi todellista maailmassanne, sen täytyy olla jaettua. Se täytyy tunnistaa ja tuntea. Se ei voi olla muutaman etuoikeus, tai täällä ei tule olemaan todellista vahvuutta.

Näkymättömiltä saamamme ymmärryksen mukaan on jo nyt ihmisiä, jotka tavoittelevat maailman herruutta, koska he uskovat, että heillä on vierailijoiden siunaus ja tuki. Heillä on vierailijoiden vakuutus siitä, että heitä autetaan heidän valtapyrkimyksissään. Ja kuitenkin eivätkö he ole antamassa pois oman vapautensa ja maailman vapauden avaimia? He ovat tietämättömiä ja epäviisaita. He eivät voi nähdä virhettään.

Käsittääksemme on myös niitä, jotka uskovat vierailijoiden olevan täällä edustamassa hengellistä renessanssia ja uutta toivoa ihmiskunnalle – mutta kuinka he voisivat tietää, he jotka eivät tiedä mitään Suuryhteisöstä? Se on heidän toivonsa ja halunsa, että asiat olisivat näin, ja sellaisiin toiveisiin vierailijat mukautuvat hyvin ilmiselvistä syistä.

Sanomme tässä sen, ettei maailmassa voi olla mitään to-
dellista vapautta vähempää – todellista vahvuutta ja todellista
yhtenäisyyttä. Laitamme viestimme kaikkien saataville luottaen
siihen, että sanamme voidaan vastaanottaa ja niitä harkitaan va-
kavasti. Kuitenkaan emme voi kontrolloida teidän vastettanne.
Ja maailman taikauskot ja pelot voivat viedä viestimme monen
ulottumattomiin. Mutta toivo on vielä olemassa. Antaaksemme
teille enemmän meidän pitäisi ottaa maailmanne haltuumme,
mitä emme halua tehdä. Tämän takia annamme teille kaiken,
mitä voimme antaa sekaantumatta teidän asioihinne. Silti on mo-
nia, jotka haluavat väliintuloa. He haluavat tulla pelastetuksi ja
vapahdetuksi jonkun muun toimesta. He eivät luota ihmiskun-
nan mahdollisuuksiin. He eivät usko ihmiskunnan luontaisiin
vahvuuksiin ja kykyihin. He uskovat siihen, mitä vierailijat ovat
heille sanoneet. Ja he tulevat palvelemaan uusia isäntiään luul-
len, että se mitä heille annetaan, on heidän oma vapautuksensa.

Vapaus on kallisarvoinen asia Suuryhteisössä. Älkää kos-
kaan unohtako sitä. Teidän vapautenne – meidän vapautemme.
Ja mitä muuta on vapaus kuin kykyä seurata Tietoutta – Luojan
teille antamaa todellisuutta – sekä Tietouden ilmaisemista ja Tie-
touden antamista sen kaikissa ilmenemismuodoissaan?

Vierailijoillanne ei ole tätä vapautta. Se on heille tuntematon.
He katsovat maailmanne kaaosta uskoen, että se järjestys, jonka
he määräävät tänne, tulee olemaan teitä vapauttava ja pelastaa
teidät omalta itsetuholtanne. Tässä on kaikki, mitä he voivat an-
taa, sillä tämä on kaikki mitä heillä on. Ja he tulevat käyttämään
teitä, mutta he eivät pidä sitä epäsopivana, sillä heitä itseään
käytetään eivätkä he tiedä vaihtoehtoa tälle. Heidän ohjelmoin-

tinsa, heidän ehdollistamisensa on niin perusteellinen, että heidän tavoittamisensa heidän syvemmällä henkisyyden tasolla on vain etäisesti mahdollista. Teillä ei ole vahvuuksia tehdä tätä. Teidän täytyisi olla niin paljon vahvempia kuin olette tänä päivänä, jotta teillä olisi vapauttava vaikutus vierailijoihinne. Ja silti heidän yhdenmukaisuutensa ei ole kovin epätavallista Suuryhteisössä. Se on hyvin yleistä suurissa kollektiiveissa, joissa yhdenmukaisuus ja määräystenmukaisuus ovat olennaisia tehokkaalle toiminnalle, eritoten yli avaruuden suunnattomien etäisyyksien.

Näin ollen älkää katsoko Suuryhteisöä pelokkaasti vaan objektiivisesti. Olosuhteet, joita kuvailemme, esiintyvät jo ennestään maailmassanne. Voitte ymmärtää näitä asioita. Manipulointi on tuttua teille. Vaikuttaminen on tuttua teille. Ette vain ole koskaan kohdanneet niitä näin suuressa mittakaavassa, eikä teidän ole koskaan tarvinnut kilpailla muiden älyllisen elämän muotojen kanssa. Sen johdosta teillä ei ole vielä taitoja siihen.

Puhumme Tietoudesta, koska se on teidän suurin kykynne. Riippumatta siitä mitä teknologiaa voitte ajan myötä kehittää, Tietous on suurin toivonne. Olette kaukana vierailijoiden jäljessä teknologisessa kehityksessänne, joten teidän täytyy turvautua Tietouteen. Se on suurin voima maailmankaikkeudessa ja vierailijanne eivät käytä sitä. Se on ainoa toivonne. Tästä syystä Suuryhteisön Hengellisyyden opetus opettaa Tietouden Tietä, tarjoten *Askeleet Tietouteen* (engl. *Steps to Knowledge*) ja opettaen Suuryhteisön Viisautta ja Oivallusta. Ilman tätä valmistautumista teillä ei olisi taitoa tai näkökulmaa ymmärtää pulmaanne tai vastata siihen tehokkaasti. Se on liian suuri. Se on liian uusi. Ettekä te ole sopeutuneet näihin uusiin olosuhteisiin. Vierailijoiden vaikutus on kasvamassa päivä päivältä. Jokaisen ihmisen, joka voi kuulla tämän, tuntea tämän ja tietää tämän, täytyy opiskella Tietouden Tietä, Suuryhteisön Tietouden Tietä. Tämä on kutsumus. Se on lahja. Se on haaste. Miellyttävämmissä olosuhteissa tarve ei kenties saata vaikuttaa niin suurelta. Mutta tarve on suunnaton, sillä ei ole mitään turvaa, ei ole mitään piilopaikkaa, ei ole mitään paikkaa maailmassa mihin vetäytyä turvaan avaruuden muukalaisten läsnäololta, joka on täällä. Tästä syystä on vain kaksi vaihtoehtoa: voitte alistua tai voitte puolustaa vapauttanne.

Tämä on se suuri päätös, joka jokaisella ihmisellä on edessään. Tämä on suuri käännekohta. Ette voi olla typeriä Suuryhteisössä. Se on ympäristönä liian vaativa. Se vaatii erinomaisuutta, sitoutumista. Maailmanne on liian arvokas. Muut himoitsevat sen luonnonvaroja. Maailmanne strateginen sijainti on korkealle arvostettu. Vaikka eläisitte etäisessä maailmassa kaukana mistään kauppareitistä, kaukana kaikista kaupallisista sitoumuksista, aikanaan teidät joku taho löytäisi. Tämä aika on nyt tullut teille. Ja se on ollut meneillään jo jonkin aikaa.

Olkaa siis rohkeita. Tämä on rohkeuden, ei epävarmuuden aikaa. Teitä kohtaavan tilanteen vakavuus vain vahvistaa elämänne ja vasteenne tärkeyden ja sen valmistautumisen tärkeyden, jota tänä päivänä ollaan antamassa maailmalle. Se ei ole vain teidän kohottamiseksenne ja edistämiseksenne. Se myös suojelee teitä ja auttaa teitä selviytymään.

Kysymyksiä ja vastauksia*

Liittyen tähän mennessä antamaamme informaatioon tunnemme, että on tärkeää vastata kysymyksiin, joita varmasti herää koskien todellisuuttamme ja niiden viestien tärkeyttä, joita olemme tulleet antamaan.

◆

"Huomioiden vedenpitävien todisteiden puuttumisen, miksi ihmisten pitäisi uskoa se, mitä heille Interventiosta kerrotte?"

Ensinnäkin vierailusta maailmaanne on pakko olla paljon todisteita. Meille on kerrottu, että näin on asia. Kuitenkin Näkymättömät ovat myös meille kertoneet, että ihmiset eivät tiedä kuinka ymmärtää näitä todisteita, ja he antavat niille oman merkityksensä – merkityksen, jonka he mieluiten antavat, lohtua ja varmuutta antavan merkityksen, pääosin. Olemme varmoja siitä, että on riittävästi

---

* Näitä kysymyksiä lähettivät New Knowledge Libraryyn Liittolaisten materiaalin ensimmäiset lukijat.

todisteita sen todentamiseen, että Interventio on tapahtumassa maailmassa tänä päivänä, jos käyttää aikaa tämän asian läpikäymiseen ja tutkimiseen. Se tosiasia, että hallituksenne ja uskonnolliset johtajanne eivät paljasta tällaisia asioita, ei tarkoita etteikö sellainen suuri tapahtuma olisi meneillään keskuudessanne.

◆

"Kuinka ihmiset voivat tietää, että olette todellisia?"

Liittyen meidän todellisuuteemme, emme voi osoittaa fyysistä läsnäoloamme teille, ja siksi teidän täytyy arvioida sanojemme merkitys ja tärkeys. Tässä kohden kysymys ei ole vain uskonasiasta. Tarvitaan suurempi tunnistaminen, Tietous, resonointi. Uskomme sanojemme totuuteen, mutta se ei takaa, että ne voidaan vastaanottaa sellaisina. Emme voi kontrolloida viestimme vastetta. On ihmisiä, jotka vaativat enemmän todisteita kuin on mitenkään mahdollista antaa. Toisille sellaiset todisteet eivät ole tarpeen, sillä he tuntevat sisäisen vahvistuksen.

Tällä välin pysymme ehkä väittelyn aiheena, ja kuitenkin toivomme ja luotamme, että sanojamme voidaan harkita vakavasti, ja että ne huomattavat olemassa olevat todisteet voidaan koota ja ymmärtää niiden toimesta, jotka ovat halukkaita antamaan tähän panoksensa ja keskittyvät tähän elämässään. Meidän näkökulmastamme ei ole olemassa suurempaa ongelmaa, haastetta ja tilaisuutta mihin kohdistaa huomionne.

Näin ollen olette uuden ymmärryksen alussa. Tämä vaatii uskoa ja itseluottamusta. Monet torjuvat sanamme vain siksi, että he eivät usko, että voisimme mitenkään olla olemassa. Toiset ehkä luulevat, että olemme osa jotain manipulointia, jota ollaan langettamassa maailman ylle. Emme voi kontrolloida näitä reaktioita. Voimme vain tuoda ilmi viestimme ja läsnäolomme elämässänne, kuinka etäinen tahansa tämä läsnäolo sitten onkin. Läsnäolomme täällä ei ole äärimmäisen tärkeä vaan se viesti, jonka olemme tulleet paljastamaan sekä se suurempi näkökulma ja ymmärrys, jonka voimme teille antaa. Koulutuksenne täytyy alkaa jostakin. Kaikki koulutus alkaa halusta tietää.

Toivomme, että raporttiemme kautta saavutamme ainakin osittaisen luottamuksenne, jotta alkaa paljastua, mitä olemme täällä tarjoamassa.

◆

"Mitä sanottavaa teillä on niille, jotka näkevät Intervention positiivisena asiana?"

Ensinnäkin ymmärrämme odotuksenne siitä, että kaikki voimat taivaalta liittyvät hengelliseen ymmärrykseenne, traditioihinne ja keskeisiin uskomuksiinne. Ajatus siitä, että maailmankaikkeudessa on arkipäiväistä elämää, haastaa nämä keskeiset oletukset. Meidän näkökulmastamme ja perustuen omien kulttuuriemme kokemuksiin, ymmärrämme näitä odotuksia. Kaukaisessa menneisyydessä ylläpidimme itse niitä. Ja silti meidän täytyi luopua niistä kohdatessamme Suuryhteisön elämän realiteetteja ja vierailujen merkityksen. Elätte suuressa fyysisessä maailmankaikkeudessa. Se on täynnä elämää. Tämä elämä on edustettuna lukemattomina ilmenemismuotoina, ja se edustaa älyn ja henkisen tietouden evoluutiota kaikilla tasoilla. Se mitä tämä tarkoittaa on, että se mitä tulette kohtaamaan Suuryhteisössä, kattaa melkein kaiken mahdollisen.

Kuitenkin olette eristyksissä ettekä vielä matkaile avaruudessa. Ja vaikka teillä olisi kyvyt saavuttaa toinen maailma, maailmankaikkeus on valtava, eikä kukaan ole saavuttanut kykyä mennä galaksin yhdestä reunasta toiseen minkäänlaisella nopeudella. Näin ollen fyysinen universumi pysyy suunnattomana ja käsittämättömänä. Kukaan ei ole oppinut hallitsemaan sen lakeja. Kukaan ei ole valloittanut sen alueita. Kukaan ei voi julistaa täydellistä herruutta tai hallintaa. Elämä tekee nöyräksi tällä tavalla. Jopa kaukana rajojenne ulkopuolella tämä on totta.

Teidän tulisi siis odottaa, että tulette tapaamaan älykkyyksiä, jotka edustavat hyvän voimia, tietämättömyyden voimia ja niitä, jotka ovat enemmän neutraaleja teidän suhteenne. Kuitenkin, Suuryhteisön matkustuksen ja tutkimusretkeilyn todellisuudessa, orastavat rodut kuten omanne tulevat kohtaamaan melkein poikkeuksetta luonnonvarojen etsijöitä, kollektiiveja ja niitä, jotka tavoittelevat etua itselleen ensimmäisenä kontaktina Suuryhteisön elämään.

Koskien vierailun positiivista tulkintaa osa on ihmisen odotusta ja luonnollista halua toivottaa tervetulleeksi hyvä lopputulos ja etsiä apua Suuryhteisöstä ongelmille, joita ihmiskunta ei ole kyennyt ratkaisemaan omin neuvoin. On normaalia odottaa sellaisia asioita etenkin, kun pidätte vierailijoiden kykyjä omianne suurempina. Kuitenkin iso osa ongelmaa tämän suuren vierailun tulkinnassa liittyy itse vierailijoiden tahtoon ja agendaan. Sillä he kannustavat ihmisiä kaikkialla näkemään läsnäolonsa täällä täydellisen suotuisana ihmiskunnalle ja sen tarpeille.

◆

"Jos tämä Interventio on niin pitkälti jo meneillään, miksi ette tulleet aikaisemmin?"

Aikaisempana ajankohtana, monia vuosia sitten, monet liittolaistenne ryhmät tulivat maailmaanne vierailemaan aikeinaan antaa toivon viesti, valmistaakseen ihmiskuntaa. Mutta valitettavasti heidän viestejään ei voitu ymmärtää ja niitä väärinkäytettiin niiden muutaman toimesta, jotka kykenivät vastaanottamaan ne. Heidän vanavedessään vierailijat kollektiiveista ovat kasaantuneet ja kerääntyneet tänne. Se on ollut meillä tiedossa, että näin tapahtuisi, sillä maailmanne on aivan liian arvokas jätettäväksi huomiotta, ja kuten olemme sanoneet, se ei sijaitse etäisessä ja kaukaisessa maailmankaikkeuden osassa. Maailmaanne on tarkkailtu kauan aikaa niiden toimesta, joiden tavoitteena on käyttää sitä omaksi hyödykseen.

◆

"Miksi liittolaisemme eivät voi pysäyttää Interventiota?"

Olemme täällä ainoastaan tarkkailemassa ja neuvomassa. Ihmiskunnan edessä olevat suuret päätökset ovat teidän käsissänne. Kukaan muu ei voi tehdä näitä päätöksiä puolestanne. Jopa suuret ystävänne kaukana maailmanne ulkopuolella eivät voisi tulla väliin, sillä jos he näin tekisivät, se johtaisi sodankäyntiin, ja maailmastanne tulisi vastakkaisten voimien välinen taistelukenttä. Ja jos ystävänne olisivat voitokkaita, teistä tulisi täysin riippuvaisia heistä, kykenemättömiä pitämään puolianne tai ylläpitämään omaa turvallisuuttanne maailmankaikkeudessa. Me emme tiedä yhtään hyväntahtoista rotua, joka pyrkisi kantamaan tällaista taakkaa. Ja todellisuudessa se ei palvelisi myöskään teitä.

Sillä teistä tulisi toisesta valtiosta riippuvainen osa, ja teitä pitäisi hallita kaukaa. Tämä ei ole hyväksi teille millään tavalla, ja tästä syystä tätä ei tapahdu. Vierailijat kuitenkin muovaavat itsestään ihmiskunnan vapahtajia ja pelastajia. He käyttävät teidän herkkäuskoisuuttanne. He hyödyntävät teidän odotuksianne, ja he pyrkivät täysin hyötymään teidän luottamuksestanne.

Sen tähden vilpittömin halumme on, että sanamme voivat palvella vastamyrkkynä heidän läsnäololleen ja heidän manipuloinnilleen ja hyväksikäytölleen. Sillä teidän oikeuksianne rikotaan. Teidän alueitanne miehitetään. Teidän hallituksianne taivutellaan. Ja teidän uskonnollisia ideologioitanne ja tuntemuksianne uudelleenohjataan. Täytyy olla olemassa totuuden ääni koskien tätä. Ja voimme vain luottaa siihen, että voitte vastaanottaa tämän totuuden äänen. Voimme vain toivoa, että taivuttelut eivät ole edenneet liian pitkälle.

◆

"Mitkä realistiset tavoitteet voimme asettaa, ja mikä on ratkaiseva seikka koskien ihmiskunnan säästymistä itsemääräämisoikeuden menetykseltä?"

Ensimmäinen askel on tietoisuus. Monen ihmisen täytyy tulla tietoiseksi siitä, että Maa on vierailun kohteena ja että vieraat vallat ovat täällä operoimassa salakavalalla tavalla, pyrkien piilottamaan agendansa ja pyrkimyksensä ihmisten ymmärrykseltä. Täytyy olla erittäin selvää, että heidän läsnäolonsa täällä on suuri haaste ihmisen vapaudelle ja itsemääräämisoikeudelle. Agenda, jota he vievät eteenpäin ja Rauhoitusohjelma, jota he järjestävät, täytyy torjua selväpäisyydellä ja viisaudella koskien näiden läsnäoloa. Tämä vastatoimi täytyy tapahtua. Maailmassa on tänä päivänä monia ihmisiä, jotka kykenevät ymmärtämään tämän. Näin ollen ensimmäinen askel on tietoisuus.

Seuraava askel on koulutus. Monien ihmisten eri kulttuureista ja eri kansakunnista on välttämätöntä oppia elämästä Suuryhteisössä ja alkaa käsittää, minkä kanssa te tulette olemaan tekemisissä ja olette tekemisissä jopa tällä hetkellä.

Sen tähden realistiset tavoitteet ovat tietoisuus ja koulutus. Nämä jo itsessään estäisivät vierailijoiden agendaa maailmassa. He operoivat nyt hyvin vähällä vastustuksella. He kohtaavat vähän esteitä. Kaikkien niiden, jotka pyrkivät näkemään heidät "ihmiskunnan liittolaisina", täytyy oppia, että näin ei ole asian laita. Ehkä sanamme eivät riitä, mutta ne ovat alku.

◆

"Mistä voimme löytää tämän koulutuksen?"

Koulutuksen voi löytää siitä Suuryhteisön Tietouden Tiestä, jota annetaan maailmalle tänä aikana. Vaikka se tuo uuden ymmärryksen elämästä ja hengellisyydestä maailmankaikkeudessa, se on kytköksissä kaikkiin aitoihin hengellisiin teihin, jotka ovat jo olemassa maailmassanne – hengellisiin teihin, jotka arvostavat ihmisen vapautta ja todellisen hengellisyyden merkitystä, ja jotka arvostavat ihmissuvun yhteistyötä, rauhaa ja harmoniaa. Näin ollen opetukset Tietouden Tiessä kutsuvat esiin kaikki suuret totuudet, jotka ovat jo olemassa maailmassanne, ja antaa niille laajemman kontekstin ja ilmaisun areenan. Tällä tavoin Suuryhteisön Tietouden Tie ei korvaa maailman uskontoja, vaan tarjoaa laajemman kontekstin, minkä puitteissa ne voivat olla oikeasti merkityksellisiä ja oleellisia ajassanne.

◆

"Miten välitämme viestinne muille?"

Totuus elää jokaisessa ihmisessä tällä hetkellä. Jos voit puhua totuudelle ihmisessä, se tulee voimakkaammaksi ja alkaa resonoida. Suuri toivomme, Näkymättömien toivo – niiden hengellisten voimien, jotka palvelevat maailmaanne – ja niiden toivo, jotka arvostavat ihmisen vapautta ja tahtovat nähdä teidän orastuksenne Suuryhteisössä menestyksellisesti täyttyneenä, luottavat tähän jokaisessa ihmisessä elävään totuuteen. Emme voi pakottaa tätä tietoisuutta sinuun. Voimme vain paljastaa totuuden sinulle ja luottaa sen Tietouden suuruuteen, minkä Luoja on sinulle antanut, mikä mahdollistaa sinun ja muiden vastaamisen.

◆

"Missä ovat ihmiskunnan vahvuudet Intervention vastustamisessa?"

Ensinnäkin, maailmanne tarkkailusta ymmärrämme, ja siitä mitä Näkymättömät ovat meille kertoneet koskien asioita, joita emme voi nähdä, että vaikka maailmassa on suuria ongelmia, on ihmisillä olemassa riittävästi vapautta antamaan teille perustan Intervention vastustamiseen. Tämä on vastakohtana monelle muulle maailmalle, missä yksilönvapautta ei ollut alun alkaenkaan koskaan vakiinnutettu. Kun nämä maailmat kohtaavat avaruuden muukalaisten voimat keskuudessaan ja Suuryhteisön elämän todellisuuden, on heidän mahdollisuutensa vakiinnuttaa vapaus ja itsenäisyys hyvin rajallinen.

Sen takia teillä on suuri vahvuus siinä, että ihmisen vapaus on tunnettu maailmassanne ja monien, vaikka ei ehkä kaikkien, arvostama. Tiedätte, että teillä on jotain menetettävää. Arvostatte sitä, mitä teillä jo on, missä määrin tahansa se on vakiinnutettu. Ette halua tulla hallituksi vieraiden valtojen toimesta. Ette halua tulla ankarasti hallituksi edes ihmisen käskyvallan toimesta. Näin ollen tämä on alku.

Seuraavaksi, koska maailmallanne on rikkaat hengelliset traditiot, jotka ovat vaalineet Tietoutta yksilössä ja vaalineet ihmisen yhteistyötä ja ymmärrystä, Tietouden todellisuus on jo vakiinnutettu. Kun taas muissa maailmoissa, missä Tietoutta ei ole koskaan vakiinnutettu, on vain vähäiset onnistumisen edellytykset vakiinnuttaa se Suuryhteisöön nousemisen käännekohdassa. Tietous on riittävän vahva riittävän monessa ihmisessä täällä, että he saattavat kyetä oppimaan elämän todellisuutta Suuryhteisössä ja käsittämään, mitä heidän keskuudessaan tapahtuu näinä aikoina. Tästä syystä olemme toiveikkaita, sillä luotamme ihmisen viisauteen. Luotamme siihen, että ihminen voi nousta itsekkyyden, itsekeskeisyyden ja itsesuojelun yläpuolelle näkemään elämän suuremmalla tavalla ja tuntemaan suurempaa vastuuta omiensa palvelemisessa.

Ehkä uskomme on perusteeton, mutta luotamme siihen, että Näkymättömät ovat neuvoneet meitä viisaasti tässä asiassa. Tämän johdosta olemme asettaneet itsemme vaaraan olemalla maailmanne läheisyydessä ja todistamalla rajojenne ulkopuolella tapahtumia, joilla on suora vaikutus tulevaisuuteenne ja kohtaloonne.

Ihmiskunta on hyvin lupaava. Teillä on kasvava tietoisuus ongelmista maailmassa – valtioiden yhteistyön puute, luonnollisen ympäristönne rappeutuminen, luonnonvarojenne hupeneminen, ja niin edelleen. Jos nämä ongelmat olisivat tuntemattomia ihmisille, jos nämä realiteetit olisi pidetty piilossa ihmisiltänne siinä laajuudessa, että ihmisillä ei olisi mitään tietoa näiden asioiden olemassaolosta, silloin emme olisi niin toiveikkaita. Kuitenkin todellisuudessa ihmiskunnalla on potentiaalia ja toivoa torjua mikä tahansa väliintulo maailmassa.

◆

"Tuleeko tästä Interventiosta sotilaallinen invaasio?"

Kuten olemme sanoneet, maailmanne on liian arvokas yllyttääkseen sotilaallisen invaasioon. Ei kukaan, joka on vierailemassa, halua tuhota sen infrastruktuuria ja sen luonnonvaroja. Tästä syystä vierailijat eivät pyri tuhoamaan ihmiskuntaa, vaan sen sijaan sitouttamaan ihmiskunnan heidän kollektiiviensa palvelukseen.

Teitä ei uhkaa sotilaallinen invaasio. Kyseessä on houkutuksen ja taivutuksen voima. Tämä tullaan rakentamaan oman heikkoutenne varaan, oman itsekkyytenne varaan, oman tietämättömyytenne varaan, liittyen elämään Suuryhteisössä, ja sokean optimisminne varaan, liittyen tulevaisuuteenne ja elämän merkitykseen rajojenne ulkopuolella.

Torjuaksemme tätä tarjoamme koulutuksen ja puhumme valmistautumisen keinoista, jotka on lähetetty maailmaan näinä aikoina. Jos ette jo tuntisi ihmisen vapautta, jos ette olisi jo tietoisia maailmanne kotoperäisistä ongelmista, emme voisi uskoa sellaista valmistautumista teille. Eikä meillä olisi luottamusta siihen, että sanamme resonoisivat sen totuuden kanssa, jonka tiedätte.

◆

"Voitteko vaikuttaa ihmisiin yhtä voimakkaasti kuin vierailijat, mutta hyvän puolesta?"

Aikomuksemme ei ole vaikuttaa yksilöihin. Aikomuksemme on vain esittää ongelma ja todellisuus, johon olette astumassa. Näkymättömät ovat tarjoamassa varsinaiset valmistautumisen keinot, sillä ne tulevat kaiken elämän Luojalta. Tässä Näkymättömät vaikuttavat yksilöihin hyvän puolesta. Mutta on rajoitteita. Kuten olemme sanoneet, teidän täytyy vahvistaa omaa itsemääräämisoikeuttanne. Teidän täytyy lisätä omaa valtaanne. Teidän täytyy tukea omaa ihmissuvun keskinäistä yhteistyötä.

On rajoja siinä, miten paljon apua voimme antaa. Ryhmämme on pieni. Me emme kulje keskuudessanne. Sen takia uuden todellisuutenne suuri ymmärrys täytyy jakaa ihmiseltä ihmiselle. Sitä ei voi pakottaa teille vieraan vallan toimesta, vaikka se olisi teidän omaksi hyväksenne. Me emme silloin tukisi vapauttanne ja itsemääräämisoikeuttanne, jos tukisimme sellaista vaikuttamisen ohjelmaa. Tässä kohtaa ette voi olla kuin lapsia.

Teidän täytyy tulla täysikasvuisiksi ja vastuullisiksi. Teillä on panoksena vapautenne. Tarvitsette keskinäistä yhteistyötä. Teillä on nyt suurempi syy yhdistää rotunne, sillä kukaan teistä ei tule hyötymään ilman toista. Mikään kansakunta ei tule hyötymään, jos joku toinen kansakunta vajoaa avaruuden muukalaisten kontrolliin. Ihmisen vapauden täytyy olla täydellinen. Yhteistyötä täytyy olla ympäri maailmaanne. Sillä jokainen on nyt samassa tilanteessa. Vierailijat eivät suosi yhtä ryhmää yli toisen, yhtä rotua yli toisen, yhtä kansakuntaa yli toisen. He etsivät ainoastaan pienimmän vastuksen reittiä vakiinnuttaakseen läsnäolonsa ja valta-asemansa maailmassanne.

◆

"Kuinka laajamittainen on heidän soluttautumisensa ihmiskuntaan?"

Vierailijoilla on merkittävä läsnäolo edistyneimmissä kansakunnissa maailmassanne erityisesti Euroopan valtioissa, Venäjällä, Japanissa ja Amerikan Yhdysvalloissa. Näiden katsotaan olevan vahvimpia kansakuntia ja omaavan suurimman vallan ja vaikutuksen. Niihin vierailijat keskittyvät. Kuitenkin, he ottavat ihmisiä ympäri maailmaa, ja he edistävät Rauhoittamisohjelmaansa kaikkien niiden kanssa, joita he sieppaavat, jos nämä yksilöt voivat olla vastaanottavaisia heidän vaikutukselleen. Täten vierailijoiden läsnäolo on maailmanlaajuinen, mutta he keskittyvät niihin, joiden he uskovat tulevan heidän liittolaisikseen. Näitä ovat kansakunnat ja hallitukset sekä uskonnolliset johtajat, joilla on hallussaan suurin valta ja vaikutus ihmisen ajatteluun ja vakaumukseen.

◆

"Kuinka paljon meillä on aikaa?"

Kuinka paljon teillä on aikaa? Teillä on jonkin verran aikaa, kuinka paljon emme osaa sanoa. Mutta tulemme kiireellisen viestin kanssa. Tämä ei ole ongelma, jonka voi yksinkertaisesti välttää tai kieltää. Meidän näkökulmastamme se on tärkein ihmiskuntaa kohtaava haaste. Se on suurin huoli, ensimmäinen prioriteetti. Te olette myöhässä valmistautumisessanne. Tähän on syynä monet tekijät vaikutusvaltamme ulkopuolella. Mutta aikaa on, jos voitte vastata tähän. Lopputulema on epävarma ja kuitenkin on vielä toivoa onnistumisellenne.

◆

"Miten voimme keskittyä tähän Interventioon ottaen huomioon muiden tällä hetkellä esiintyvien globaalien ongelmien suunnattomuuden?"

Ensinnäkin meistä tuntuu, että ei ole mitään muita ongelmia maailmassa, jotka ovat yhtä tärkeitä kuin tämä. Meidän näkökulmasta sillä, mitä ikinä voitte ratkaista omin voimin, tulee olemaan vähäinen merkitys tulevaisuudessa, jos vapautenne menetetään. Mitä voisitte toivoa saavanne? Mitä voisitte toivoa saavuttavanne ja turvaavanne, jos ette ole vapaita Suuryhteisössä?

Kaikki saavutuksenne annettaisiin uusille hallitsijoillenne; kaikki maailmanne varallisuus lahjoitettaisiin heille. Ja vaikka vierailijanne eivät ole julmia, he ovat täysin sitoutuneita agendaansa. Teitä arvostetaan vain siinä määrin, kuin voitte olla hyödyllisiä heidän tarkoitusperilleen. Tästä syystä me emme koe, että on olemassa mitään muuta ihmiskuntaa kohtaavaa ongelmaa, joka on yhtä tärkeä kuin tämä.

◆

"Kuka todennäköisesti vastaa tähän tilanteeseen?"

Liittyen siihen kuka voi vastata tähän, maailmassa on monia ihmisiä tänä päivänä, joilla on luontainen tietämys Suuryhteisöstä, ja jotka ovat herkkiä sille. On monia muita, jotka vierailijat ovat jo siepanneet, mutta jotka eivät ole alistuneet heille tai heidän taivuttelulleen. Ja on monia muita, jotka ovat huolestuneet maailman tulevaisuudesta ja jotka kokevat ihmiskunnan kohtaamat vaarat hälyttävinä. Ihmiset kaikissa tai missä tahansa näissä kolmessa kategoriassa saattavat olla ensimmäisten joukossa ottamaan vastuuta Suuryhteisön todellisuudesta ja valmistautumisesta Suuryhteisöä varten. He voivat tulla miltä elämänalueelta tahansa, mistä kansakunnasta tahansa, mistä uskonnollisesta taustasta tahansa ja minkälaiselta ekonomiselta tasolta tahansa. He ovat kirjaimellisesti joka puolella maailmaa. Suuret hengelliset voimat, jotka suojelevat ja valvovat ihmisen hyvinvointia, ovat riippuvaisia heistä ja heidän vasteestaan.

◆

"Mainitsette, että yksilöitä siepataan joka puolella maailmaa. Kuinka ihmiset voivat suojella itseään tai muita sieppaukselta?"

Mitä enemmän voit tulla vahvaksi Tietoudessa ja tietoiseksi vierailijoiden läsnäolosta, sitä vähemmän sinusta tulee haluttu kohde heidän tutkimuksilleen ja manipuloinnille. Mitä enemmän hyödynnät kohtaamisiasi heidän kanssaan saadaksesi syvää ymmärtämystä heistä, sitä enemmän sinusta tulee uhka. Kuten olemme sanoneet, he tavoittelevat pienimmän vastustuksen reittiä. He haluavat yksilöitä, jotka ovat mukautuvia ja alistuvia. He haluavat niitä, jotka aiheuttavat heille vähän ongelmia ja päänvaivaa.

Mutta tullessasi vahvaksi Tietoudessa olet heidän kontrollinsa ulottumattomissa, koska nyt he eivät voi vallata mieltäsi tai sydäntäsi. Ja ajan myötä sinulla tulee olemaan havaitsemisen voima nähdä heidän mieleensä, mitä he eivät halua. Sinusta tulee silloin vaara heille, haaste heille, ja he välttävät sinua, jos voivat.

Vierailijat eivät halua paljastua. He eivät halua konfliktia. He ovat kovin itsevarmoja siitä, että he voivat saavuttaa tavoitteensa ilman vakavasti otettavaa vastustusta ihmissuvulta. Mutta kun sellainen vastustus on noussut, kun Tietouden voima herää yksilössä, silloin vierailijat kohtaavat huomattavasti vaikuttavamman esteen. Heidän interventionsa täällä tulee pysäytetyksi ja vaikeammaksi jatkaa. Ja heidän taivuttelunsa vallassa oleviin tulee vaikeammaksi toteuttaa. Sen tähden oleellisia tässä kohtaa ovat yksilön vaste ja sitoutuminen totuuteen. Tulkaa tietoisiksi vierailijoiden läsnäolosta. Älkää alistuko sille taivuttelulle, että heidän läsnäolonsa täällä on luonteeltaan hengellistä, ja että se pitää sisällään suuren edun ja pelastuksen ihmiskunnalle. Vastustakaa taivuttelua. Ottakaa takaisin oma sisäinen määräysvaltanne, se suuri lahja, jonka Luoja on teille antanut. Tulkaa varteenotettavaksi voimaksi kenelle tahansa, joka rikkoo tai kieltää perusoikeutenne.

Tämä on Hengellisen Voiman ilmaisu. On Luojan tahto, että ihmiskunta nousee Suuryhteisöön yhdistyneenä ja vapaana ulkopuolisesta väliintulosta ja alistamisesta. On Luojan tahto, että te valmistautuisitte tulevaisuuteen, joka on toisenlainen kuin menneisyytenne. Olemme täällä Luojan palveluksessa ja täten läsnäolomme ja sanamme palvelevat tätä tarkoitusta.

◆

"Jos vierailijat kohtaavat vastustusta ihmiskunnassa tai tietyissä yksilöissä, tulevatko he isommalla joukolla vai poistuvatko he?"

Heidän lukumääränsä ei ole suuri. Jos he kohtaavat huomattavaa vastustusta, heidän täytyisi perääntyä ja tehdä uusia suunnitelmia. He ovat täysin luottavaisia, että he saavat tehtävänsä päätökseen ilman vakavia esteitä. Jos vakavia esteitä nousisi, heidän väliintulo ja taivuttelu estyisi, ja heidän täytyisi löytää muita tapoja saada kontakti ihmiskuntaan.

Me luotamme siihen, että ihmissuku voi synnyttää riittävästi vastustusta ja riittävän yksimielisyyden torjuakseen nämä vaikutukset. Tämän varaan laskemme toivomme ja pyrkimyksemme.

◆

"Mitkä ovat tärkeimmät kysymykset, jotka meidän täytyy kysyä itseltämme ja muilta liittyen tähän avaruuden muukalaisten soluttautumisen ongelmaan?"

Ehkä kaikkein kriittisimmät kysymykset itsellesi ovat: "Olemmeko me ihmiset yksin maailmankaikkeudessa tai omassa maailmassamme? Vieraillaanko luonamme näinä aikoina? Onko tämä vierailu suotuisa meille? Tarvitseeko meidän valmistautua?"

Nämä ovat hyvin perustavaa laatua olevia kysymyksiä, mutta ne täytyy kysyä. On paljon kysymyksiä kuitenkin, joihin ei voi vastata, sillä ette tiedä riittävästi elämästä Suuryhteisössä, ja ette vielä luota kykyynne torjua näitä vaikutuksia. Monia asioita puuttuu ihmisten koulutuksesta, joka on pääasiassa keskittynyt menneisyyteen. Ihmiskunta on nousemassa suhteellisen eristyksen pitkäaikaisesta tilasta. Sen koulutus, sen arvot ja sen instituutiot on kaikki perustettu tässä eristyksen tilassa. Ja kuitenkin eristyneisyytenne on nyt ohi, lopullisesti. On aina tiedetty, että tämä tulisi tapahtumaan. On ollut vääjäämätöntä, että näin tulisi olemaan. Sen tähden koulutuksenne ja arvonne ovat astumassa uuteen viitekehykseen, johon niiden täytyy sopeutua. Ja sopeutumisen on tapahduttava nopeasti johtuen Intervention luonteesta maailmassa tänä päivänä.

Tulee olemaan paljon kysymyksiä, joihin ette voi vastata. Teidän täytyy elää niiden kanssa. Koulutuksenne Suuryhteisöstä on vasta hyvin alussa. Teidän täytyy lähestyä sitä suurella selkeydellä ja huolella. Teidän täytyy torjua omat taipumuksenne yrittää tehdä tilanteesta miellyttävä tai lohduttava. Teidän täytyy kehittää objektiivisuutta elämästä, ja teidän täytyy katsoa läpi omien henkilökohtaisten mieltymystenne asettaaksenne itsenne vastaanottavaiseen asemaan suhteessa korkeampiin voimiin ja tapahtumiin, jotka ovat muovaamassa maailmaanne ja tulevaisuuttanne.

◆

"Mitä jos riittävän moni ihminen ei voi vastata tähän?"

Olemme luottavaisia, että riittävä määrä ihmisiä voi vastata tähän ja aloittaa suuren koulutuksen elämästä Suuryhteisössä antaakseen lupausta ja toivoa ihmissuvulle. Jos tätä ei voida saavuttaa, niiden vapauttaan arvostavien ja joilla on tämä koulutus, on vetäydyttävä. Heidän täytyy pitää Tietous elossa maailmassa, kun maailma joutuu täydellisen kontrollin alaiseksi. Tämä on hyvin vakava vaihtoehto ja kuitenkin se on tapahtunut muissa maailmoissa. Matka takaisin vapauteen sellaisesta asemasta on varsin vaikea. Toivomme, että tämä ei tule olemaan teidän kohtalonne, ja siksi olemme täällä antamassa tätä tietoa. Kuten olemme sanoneet, maailmassa on riittävästi ihmisiä, jotka voivat vastata tähän torjuakseen vierailijoiden aikeet ja estääkseen heidän vaikutuksensa ihmisten asioihin ja ihmisten arvoihin.

◆

"Puhutte muista maailmoista astumassa Suuryhteisöön.
Voitteko puhua onnistumisista ja epäonnistumisista, joilla
voisi olla merkitystä meidän tilanteessamme?"

On ollut onnistumisia tai muutoin emme olisi täällä. Minun tapauksessani, ryhmämme puhujana, maailmaamme oltiin jo pitkälle soluttauduttu, ennen kuin tajusimme käsissämme olevan tilanteen. Koulutuksemme alkoi meidän kaltaisemme ryhmän tulolla, antaen käsityksen ja tietoa tilanteestamme. Meillä oli avaruuden muukalaisten resurssikauppiaita maailmassamme vuorovaikutuksessa hallituksemme kanssa. Ne, jotka olivat vallassa tuona aikana, oli taivuteltu uskomaan, että kaupankäynti olisi meille hyväksi, sillä olimme alkamassa kokea luonnonvarojen loppumista. Vaikka rotumme oli yhdistynyt, toisin kuin teidän, aloimme olla täysin riippuvaisia uudesta teknologiasta ja tilaisuuksista, joita meille esitettiin. Ja kun tämä tapahtui, vallan keskuksessa tapahtui siirtymä. Olimme tulossa tilaajiksi. Vierailijat olivat tulossa toimittajiksi. Ajan myötä, meille asetettiin ehtoja ja rajoituksia, alkuun hienovaraisesti.

Myös uskonnolliseen painopisteeseemme ja uskomuksiimme tuli vaikutusta vierailijoilta, jotka osoittivat kiinnostusta hengellisiin arvoihimme, mutta he halusivat antaa meille uuden, kollektiiviin perustuvan ymmärryksen, joka perustui keskenään samalla tavalla, yhdellä äänellä ajattelevien mielten yhteistyöhön. Tämä esitettiin rodullemme hengellisyyden ilmaisuna ja saavutuksena. Jotkut taivuteltiin, ja kuitenkin koska liittolaisemme maailmamme ulkopuolelta olivat neuvoneet meitä hyvin, aloimme kokoamaan vastarintaliikettä ja ajan myötä kykenimme pakottamaan vierailijat poistumaan maailmastamme. Niistä ajoista lähtien olemme oppineet huomattavan paljon Suuryhteisöstä. Ylläpitämämme kaupankäynti on hyvin valikoivaa ja tapahtuu vain muutaman muun valtion kanssa. Olemme kyenneet välttämään kollektiiveja, ja se on säilyttänyt vapautemme. Ja kuitenkin onnistumisemme oli vaikea saavuttaa, sillä monien meistä täytyi kuolla tämän konfliktin kohtaamisessa. Meillä on tarina onnistumisesta, mutta ei ilman hintaa. Ryhmässämme on muita, jotka ovat kokeneet samoja vaikeuksia toimissaan väliintulevien Suuryhteisön voimien kanssa. Ja silti saimme toisistamme liittolaisia, koska me opimme ennen pitkää matkustamaan rajojemme ulkopuolella. Kykenimme oppimaan, mitä hengellisyys merkitsee Suuryhteisössä. Ja Näkymättömät, jotka palvelevat myös meidän maailmaamme, auttoivat meitä tässä tekemään suuren muutoksen eristyksestä Suuryhteisön tietoisuuteen.

Silti on ollut monia epäonnistumisia, joista me olemme tietoisia. Kulttuureilla, jotka eivät olleet vakiinnuttaneet yksilönvapautta tai eivät olleet nauttineet yhteistyön hedelmistä, vaikkakin ne edistyivät teknologisesti, ei ollut perustaa vakiinnuttaa omaa itsenäisyyttään maailmankaikkeudessa. Niiden kyky vastustaa kollektiiveja oli erittäin rajoittunut. Suuremman vallan, paremman teknologian ja suuremman vaurauden houkuttelemana, ja Suuryhteisön kaupankäynnin ilmeisten etujen houkuttelemina, vallan keskus poistui heidän maailmastaan. Lopulta he tulivat täysin riippuvaisiksi toimittajistaan, heistä jotka saivat haltuunsa heidän luonnonvaransa ja heidän infrastruktuurinsa. Varmasti voitte kuvitella, miten tämä voisi olla tilanne. Jopa omassa maailmassanne historianne mukaan olette nähneet pienempien kansakuntien joutuvan suurempien alistamaksi. Voitte nähdä tämän jopa tänä päivänä. Sen takia nämä asiat eivät ole kokonaan vieraita teille. Suuryhteisössä, kuin myös teidän maailmassanne, vahvat alistavat heikkoja, jos ne pystyvät. Tämä on elämän realiteetti joka puolella. Ja tästä syystä kannustamme tietoisuuttanne ja valmistautumistanne, jotta voitte tulla vahvoiksi ja itsemääräämisoikeutenne voi lisääntyä.

Saattaa olla karvas pettymys monelle ymmärtää ja oppia, että vapaus on harvinaista maailmankaikkeudessa. Sitä mukaa kun kansakunnat tulevat vahvemmiksi ja teknologisemmiksi, ne vaativat suurempaa ja suurempaa yhdenmukaisuutta ja mukautumista väeltään. Kun ne ulottavat toimintansa Suuryhteisöön ja alkavat osallistua Suuryhteisön toimiin, suvaitsevaisuus yksilölliseen ilmaisuun hupenee siihen pisteeseen, jossa isoja kansakuntia, joilla on varallisuutta ja valtaa, hallitaan sellaisella ankaruudella ja tiukalla asenteella, joita te pitäisitte kauhistuttavana.

Tässä kohtaa teidän täytyy oppia, että teknologinen edistyminen ja hengellinen edistyminen eivät ole sama asia; läksy, jota ihmiskunta ei ole vielä oppinut ja joka teidän täytyy oppia, jos aiotte harjoittaa luonnollista viisauttanne näissä asioissa.

Maailmaanne arvostetaan suuresti. Se on biologisesti rikas. Istutte palkinnon päällä, jota teidän täytyy suojella, jos aiotte olla sen edustajia ja edunsaajia. Ajatelkaa maailmanne niitä ihmisiä, jotka menettivät vapautensa, koska he elivät paikassa, jota pidettiin toisten taholta arvokkaana. Nyt koko ihmiskunta on samanlaisessa vaarassa.

◆

"Koska vierailijat ovat niin taitavia projisoimaan ajatuksia ja vaikuttamaan ihmisten mielten ympäristöön, kuinka voimme varmistua siitä, että se mitä näemme on totta?"

Ainoa perusta viisaalle havaitsemiselle on Tietouden kultivointi. Jos uskot vain siihen, mitä näet, silloin tulet uskomaan vain sen mitä sinulle näytetään. On monia, meille on kerrottu, joilla on tämä näkökulma. Silti olemme oppineet, että viisaiden kaikkialla täytyy saavuttaa suurempi näkökyky ja suurempi havaintokyky. On totta, että vierailijanne osaavat projisoida mielikuvia pyhimyksistänne ja uskonnollisista hahmoistanne. Vaikka tätä ei harjoiteta usein, sitä varmasti voidaan käyttää herättämään sitoumusta ja omistautumista niiden keskuudessa, jotka jo muutenkin uskovat näihin. Tässä kohtaa hengellisyydestänne tulee haavoittuvaisuuden alue, missä viisautta täytyy käyttää.

Kuitenkin Luoja on antanut teille Tietouden perustaksi todelliselle arvostelukyvylle. Voitte tietää, mitä näette kysymällä itseltänne, onko se todellista? Kuitenkin tehdäksenne sen, teillä täytyy olla tämä perusta, ja tästä syystä opetus Tietouden Tiestä on niin oleellinen Suuryhteisön Hengellisyyden oppimisessa. Ilman tätä ihmiset uskovat sitä, mitä he haluavat uskoa, ja he luottavat siihen, mitä he näkevät ja mitä heille näytetään. Ja heidän mahdollisuutensa vapauteen on jo menetetty, sillä sitä ei oltu alun alkaen annettu ollenkaan kukoistaa.

◆

"Puhutte Tietouden pitämisestä elossa. Kuinka monta tarvitaan pitämään Tietous elossa maailmassa?"

Emme voi antaa teille lukumäärää, mutta sen täytyy olla riittävän vahva synnyttämään ääntä omissa kulttuureissanne. Jos tämän viestin voivat vastaanottaa vain muutamat, heillä ei tule olemaan tätä ääntä tai tätä voimaa. Tässä heidän täytyy jakaa viisauttaan. Se ei saa olla pelkästään heidän oman mielensä ylentämiseksi. Paljon useamman täytyy saada tietää tämä viesti, paljon useamman kuin sen voi tänään vastaanottaa.

◆

"Onko tämän viestin esittämisessä vaara?"

On aina vaara totuuden esittämisessä, ei vain teidän maailmassanne, vaan myös muualla. Ihmiset saavat etua tällä hetkellä esiintyvistä olosuhteista. Vierailijat tarjoavat etuja niille vallassa oleville, jotka voivat heidät ottaa vastaan, ja jotka eivät ole vahvoja Tietoudessa. Ihmiset tottuvat näihin etuihin ja rakentavat elämänsä näiden varaan. Tämä tekee heistä vastustavia tai jopa vihamielisiä esitetylle totuudelle, joka peräänkuuluttaa heidän vastuutaan toisten palvelemisessa, ja joka voi uhata heidän varallisuutensa perustaa ja saavutuksia.

Tästä syystä olemme piilossa, emmekä kulje maailmassanne. Vierailijat varmasti tuhoaisivat meidät, jos he voisivat löytää meidät. Mutta ihmiskunta saattaa pyrkiä tuhoamaan meidät myös sen vuoksi mitä edustamme, haasteen takia ja sen uuden todellisuuden takia, mitä havainnollistamme. Kaikki eivät ole valmiita vastaanottamaan totuutta, vaikka sitä suuresti tarvitaan.

◆

"Voivatko yksilöt, jotka ovat vahvoja Tietoudessa, vaikuttaa vierailijoihin?"

Onnistumisen mahdollisuudet tähän ovat hyvin rajalliset. Olette tekemisissä kollektiivin olentojen kanssa, jotka on jalostettu olemaan mukautuvia, joiden koko elämä ja kokemuskenttä on ympäröity ja kehitetty kollektiivin mentaliteetilla. He eivät ajattele itsenäisesti. Tästä syystä emme koe, että voitte vaikuttaa heihin. Ihmissuvun joukossa on harvoja, joilla on vahvuutta tehdä tämä, ja jopa tässä tapauksessa onnistumisen mahdollisuus olisi hyvin rajallinen. Joten vastauksen täytyy olla "Ei." Käytännössä ette voi voittaa heitä puolellenne.

◆

"Miten kollektiivit eroavat yhdistyneestä ihmiskunnasta?"

Kollektiivit koostuvat eri roduista ja niistä, jotka on jalostettu palvelemaan näitä rotuja. Monet olennoista, joita maailmassa kohdataan, on jalostettu kollektiivien toimesta olemaan palvelijoita. Heidän geneettinen perintönsä on kauan sitten kadonnut heiltä. Heidät on jalostettu palvelemaan, kuten te jalostatte eläimiä palvelemaan teitä. Se ihmisten yhteistyö, mitä me ajamme, on yhteistyötä, joka säilyttää yksilöiden itsemääräämisoikeuden ja tarjoaa vahvan aseman, josta käsin ihmiskunta voi vuorovaikuttaa, ei vain kollektiivien kanssa vaan myös muiden kanssa, jotka haluavat vierailla rajoillanne tulevaisuudessa.

Kollektiivi perustuu yhteen uskomukseen, yhteen perusperiaatteiden joukkoon ja yhteen käskyvaltaan. Sen pääpaino on täydellisessä kuuliaisuudessa aatteelle tai ihanteelle. Tätä ei ole saatu aikaan ainoastaan vierailijoidenne koulutuksella, vaan myös geneettisesti. Tästä syystä he käyttäytyvät sillä tavalla, kuin he käyttäytyvät. Tämä on sekä heidän vahvuutensa että heikkoutensa. Heillä on suuria voimia mentaalisessa ympäristössä, koska heidän mielensä ovat yhdistyneet. Mutta he ovat heikkoja, koska he eivät voi ajatella itsenäisesti. He eivät voi käsitellä monimutkaisuutta tai vastustusta kovin onnistuneesti. Tietouden mies tai nainen olisi heille käsittämätön.

Ihmiskunnan täytyy yhdistyä säilyttääkseen vapautensa, mutta tämä on hyvin erilainen rakennelma verrattuna kollektiiviin. Kutsumme niitä "kollektiiveiksi", koska ne ovat eri rotujen ja kansakuntien kokoelmia. Kollektiivit eivät ole yksi rotu. Vaikka Suuryhteisössä on monia rotuja, joita hallitsee dominoiva käskyvalta, kollektiivi on organisaatio, joka ulottuu ylitse yhden rodun uskollisuuden omalle maailmalleen.

Kollektiiveilla voi olla suuri mahti. Koska kuitenkin on monia kollektiiveja, niillä on tapana kilpailla keskenään, mikä estää mitään niistä pääsemästä valta-asemaan. Niin ikään eri kansakunnilla Suuryhteisössä on ollut pitkäaikaiset erimielisyydet toistensa kanssa, joita on vaikea sovitella. Ehkä ne ovat kilpailleet pitkän aikaa samoista luonnonvaroista. Ehkä ne kilpailevat keskenään myydäkseen hallussaan olevia luonnonvaroja. Kuitenkin kollektiivi on eri asia. Kuten sanomme tässä, se ei perustu yhteen rotuun ja yhteen maailmaan. Se on valloituksen ja alistamisen tulos. Tästä syystä vierailijanne koostuvat eri olentojen roduista eri käskyvallan ja komentoketjun tasoilla.

◆

"Säilyttivätkö muut maailmat, jotka yhdistyivät onnistuneesti, yksilöllisen ajattelun vapauden?"

Vaihtelevasti. Jotkut lähestulkoon täysin, toiset vähemmän, riippuen historiastaan, psykologisesta kokoonpanostaan ja oman selviytymisen tarpeestaan. Elämänne maailmassanne on ollut suhteellisen helppoa verrattuna siihen, missä muut rodut ovat kehittyneet. Useimmat alueet, joissa älyllistä elämää esiintyy, on asutettu, sillä ei ole monta maankaltaista planeettaa, joka tarjoaa sellaisen biologisten resurssien rikkauden kuten teidän oma planeettanne. Näiden rotujen vapaus riippui suurelta osin ympäristön rikkaudesta. Mutta ne ovat kaikki olleet menestyksekkäitä avaruuden muukalaisten soluttautumisen torjunnassa, ja ovat vakiinnuttaneet omat kaupankäynnin ja kommunikoinnin suuntaviivansa perustuen omaan itsemääräämisoikeuteensa. Tämä on harvinainen saavutus, ja se täytyy ansaita ja sitä tulee suojella.

◆

"Mitä vaaditaan ihmiskunnan yhdistymisen saavuttamiseen?"

Ihmiskunta on hyvin haavoittuvainen Suuryhteisössä. Tämä haavoittuvaisuus voi aikanaan edistää ihmiskunnan keskinäistä perustavanlaatuista yhteistyötä, sillä teidän täytyy liittyä yhteen ja tulla yhtenäisiksi selviytyäksenne ja edistyäksenne. Tämä on osa tietoisuutta Suuryhteisöstä. Jos tämä perustuu ihmisten osallistumisen, vapauden ja itseilmaisun periaatteisiin, voi omavaraisuutenne silloin tulla hyvin vahvaksi ja hyvin rikkaaksi. Mutta maailmassa täytyy olla enemmän yhteistyötä. Ihmiset eivät voi elää yksin itselleen tai asettaa omia henkilökohtaisia päämääriänsä kaikkien muiden ihmisten tarpeiden edelle. Jotkut saattavat nähdä tämän vapauden menetyksenä. Me näemme sen takaavan vapauden tulevaisuudessa. Sillä huomioiden nykyiset vallassa olevat asenteet maailmassa tänä päivänä, vapauttanne olisi tulevaisuudessa hyvin vaikea turvata tai ylläpitää. Ottakaa vaarin. Ne, joita ajaa heidän oma itsekkyytensä, ovat täydellisiä kandidaatteja ulkopuoliselle vaikutukselle ja manipuloinnille. Jos he ovat valta-asemassa, he tulevat luopumaan kansakuntansa varallisuudesta, kansansa vapaudesta ja kansansa luonnonvaroista saadakseen etua itselleen.

Tämän takia vaaditaan enemmän yhteistyötä. Varmasti voitte ymmärtää tämän. Varmasti tämä on ilmeistä jopa omassa maailmassanne. Mutta tämä eroaa hyvin paljon kollektiivin elämästä, missä rotuja on alistettu ja kontrolloitu, missä mukautuvat otetaan kollektiiveihin ja ne, jotka eivät niin tee, syrjäytetään tai tuhotaan. Varmasti sellainen järjestelmä, vaikkakin sillä voisi olla merkittävästi vaikutusvaltaa, ei voi olla jäsenilleen hyväksi. Ja silti tämä on se polku, jonka monet ovat Suuryhteisössä valinneet. Me emme halua nähdä ihmiskunnan joutuvan sellaiseen organisaatioon. Tämä olisi suuri tragedia ja menetys.

◆

"Kuinka ihmisten näkökulma eroaa teidän näkökulmastanne?"

Yksi eroista on, että olemme kehittäneet Suuryhteisön näkökulman, mikä on vähemmän itsekeskeinen tapa katsoa maailmaa. Se on näkökanta, joka antaa paljon selkeyttä ja voi tarjota suurta varmuutta koskien pienempiä ongelmia, joita kohtaatte päivittäisissä toimissanne. Jos voitte ratkaista suuren ongelman, voitte ratkaista myös pienemmät. Teillä on suuri ongelma. Jokaisen ihmisen maailmassa on kohdattava tämä suuri ongelma. Se voi yhdistää teidät ja tehdä teidät kykeneviksi voittamaan pitkäaikaiset erimielisyytenne ja konfliktinne. Tästä syystä sanomme, että on olemassa mahdollisuus pelastumiseen juuri näissä olosuhteissa, jotka uhkaavat teidän hyvinvointianne ja teidän tulevaisuuttanne.

Tiedämme, että yksilön sisimmässä oleva Tietouden voima voi palauttaa ja korjata kyseisen yksilön sekä kaikki hänen suhteensa saavutuksen, tunnistamisen ja kyvykkyyden korkeammalle tasolle. Teidän täytyy todeta tämä itse.

Meidän elämämme ovat hyvin toisenlaisia. Yksi eroista on se, että elämämme on annettu palvelulle – palvelulle, jonka me olemme valinneet. Meillä on vapaus valita ja näin ollen valintamme on todellinen ja merkityksellinen, ja se perustuu omaan ymmärrykseemme. Ryhmämme keskuudessa on edustajia useista eri maailmoista. Olemme kerääntyneet yhteen palvellaksemme ihmiskuntaa. Edustamme suurempaa liittoumaa, joka on hengellisempi luonteeltaan.

◆

"Tämä viesti tulee yhden miehen kautta. Miksi ette ota kontaktia kaikkiin, jos tämä on niin tärkeää?"

On vain kyse tehokkuudesta. Me emme määrää, kuka valitaan vastaanottamaan meitä. Tämä on Näkymättömien asia, niiden joita te oikeutetusti voisitte kutsua "Enkeleiksi". Ajattelemme heistä näin. He ovat valinneet tämän ihmisen – ihmisen, jolla ei ole mitään asemaa maailmassa, jota ei ole tunnustettu maailmassa – yksilön, joka on valittu hänen ominaisuuksien takia sekä hänen Suuryhteisön perintönsä takia. Olemme iloisia, että meillä on yksi, jonka kautta voimme puhua. Jos puhuisimme monien kautta, he ehkä olisivat eri mieltä keskenään, ja viestistä tulisi sekava ja se häviäisi.

Ymmärrämme omien opintojemme kautta, että hengellisen viisauden lähetys annetaan yleensä yhden kautta, muiden ollessa tukena. Tämän yksilön täytyy kantaa paino ja taakka sekä valintaan liittyvä riski. Kunnioitamme häntä tämän vuoksi, ja ymmärrämme millainen taakka se voi olla. Tämä tullaan ymmärtämään väärin, ehkäpä, ja tästä syystä viisaiden on pysyttävä

piilossa. Meidän täytyy pysyä piilossa. Hänen täytyy pysyä pii-
lossa. Tällä tavoin viesti voidaan antaa, ja viestintuojaa voidaan
varjella. Sillä tähän viestiin tulee kohdistumaan vihamielisyyttä.
Vierailijat tulevat vastustamaan sitä ja vastustavat sitä jo nyt.
Heidän vastustuksensa voi olla merkittävää, mutta se tullaan
suuntaamaan ensisijaisesti itse viestintuojaan. Tästä syystä vies-
tintuojaa täytyy suojella.

Tiedämme, että vastaukset näihin kysymyksiin synnyttävät
lisää kysymyksiä. Ja moniin näistä ei voi vastata mahdollisesti
jopa pitkään aikaan. Viisaiden missä tahansa täytyy elää kysy-
mysten kanssa, joihin he eivät vielä voi vastata. Heidän kärsi-
vällisyytensä ja määrätietoisuutensa kautta todelliset vastaukset
tulevat, ja he kykenevät kokemaan ne ja ilmentämään niitä.

Ihmiskunnalla on edessään uusi alku. Sillä on edessään vakava tilanne. Uuden koulutuksen ja ymmärryksen tarve on kaikkein tärkeintä. Olemme täällä palvelemassa sitä tarvetta Näkymättömien pyynnöstä. He luottavat siihen, että jaamme viisaudestamme, sillä elämme fyysisessä universumissa kuten tekin. Emme ole enkelimäisiä olentoja. Emme ole täydellisiä. Emme ole päässeet henkisen tietoisuuden ja saavutuksen korkeille tasoille. Siksi luotamme siihen, että viestimme Suuryhteisöstä on teille merkityksellisempi ja helpompi ottaa vastaan. Näkymättömät tietävät meitä paljon enemmän elämästä maailmankaikkeudessa sekä tarjolla olevista edistyksen ja saavutuksen tasoista, joita monin paikoin harjoitetaan. Silti he ovat pyytäneet meitä puhumaan fyysisen elämän todellisuudesta, koska olemme täysin sidoksissa siinä. Ja olemme oppineet omien yritystemme ja erehdystemme kautta sen tärkeyden ja merkityksen, mitä olemme jakamassa teille.

Näin ollen tulemme Ihmiskunnan Liittolaisina, sillä sellaisia olemme. Olkaa kiitollisia, että teillä on liittolaisia, jotka voivat auttaa teitä, ja jotka voivat kouluttaa teitä ja tukea vahvuuksianne, vapauttanne ja saavutuksianne. Sillä ilman tätä apua, tulevaisuudennäkymät sille, että selviytyisitte kokemastanne nykyisenkaltaisesta avaruuden muukalaisten soluttautumisesta, olisivat hyvin rajalliset. Muutamia yksilöitä kyllä tulisi olemaan, jotka oivaltaisivat tilanteen sellaisena kuin se todellisuudessa on, mutta heidän lukumääränsä ei olisi riittävän suuri, ja heidän äänensä jäisi kuulumattomiin.

Tässä voimme vain pyytää teidän luottamustanne. Toivomme, että sanojemme viisauden kautta ja niiden tilaisuuksien kautta, joita teillä on niiden merkityksen ja oleellisuuden oppimiseen, voimme saavuttaa tämän luottamuksen ajan myötä, sillä teillä on liittolaisia Suuryhteisössä. Teillä on todellisia ystäviä tämän maailman ulkopuolella, jotka ovat kärsineet niistä haasteista, joita nyt kohtaatte, ja jotka ovat saavuttaneet onnistumisen. Koska meitä autettiin, meidän täytyy nyt auttaa toisia. Tämä on meidän pyhä liittomme. Tähän me olemme lujasti sitoutuneet.

RATKAISU

◆

POHJIMMILTAAN INTERVENTION RATKAISUSSA
EI OLE KYSE TEKNOLOGIASTA,
POLITIIKASTA TAI SOTILAALLISESTA VOIMASTA.

Kyse on ihmisen henkisyyden uusiutumisesta.
Kyse on ihmisten tulemisesta tietoisiksi Interventiosta ja
puhumisesta sitä vastaan.
Kyse on sen eristämisen ja pilkkaamisen lopettamisesta, joka
estää ihmisiä ilmaisemasta sitä mitä he näkevät ja tietävät.
Kyse on pelon, välttelyn, fantasioiden ja vilpillisyyden
voittamisesta.
Kyse on ihmisten tulemisesta vahvoiksi, tietoisiksi ja
voimaantuneiksi.

Ihmiskunnan Liittolaiset tarjoavat elintärkeää ohjausta, mikä
mahdollistaa sen, että voimme tunnistaa Intervention ja torjua
sen vaikutukset. Tehdäksemme tämän Liittolaiset kehottavat
meitä käyttämään luontaista älykkyyttämme ja oikeuksiamme
täyttääksemme kohtalomme vapaana rotuna Suuryhteisössä.

On aika aloittaa.

MAAILMASSA
ON UUSI TOIVO

Uutta toivoa maailmassa herättävät ne, jotka tulevat vahvoiksi Tietoudessa. Toivo voi haihtua ja sitten syttyä uudelleen. Se näyttää tulevan ja menevän riippuen siitä, miten ihmisiä taivutellaan ja mitä he valitsevat itselleen. Toivo lepää sinussa. Vaikka Näkymättömät ovat täällä ei se tarkoita, että on toivoa, sillä ilman sinua ei olisi toivoa. Sillä sinä ja muut sinunlaisesi ovat tuomassa uutta toivoa maailmaan, sillä olet oppimassa vastaanottamaan Tietouden lahjan. Tämä tuo uutta toivoa maailmaan. Ehkä et pysty näkemään tätä täysin tällä hetkellä. Ehkä se näyttää olevan ymmärryksesi ulottumattomissa. Mutta laajemmasta näkökulmasta se on niin totta ja niin tärkeää.

Maailman astuminen Suuryhteisöön on osoitus tästä, sillä jos kukaan ei valmistautuisi Suuryhteisöä varten, toivo näyttäisi haihtuvan. Ja ihmiskunnan kohtalo näyttäisi olevan äärimmäisen ennustettava. Mutta koska maailmassa on toivoa, koska sinussa on toivo ja muissa kaltaisissasi, jotka vastaavat suurempaan kutsuun, ihmiskunnan kohtalo on lupaavampi, ja ihmiskunnan vapaus voi hyvinkin olla turvattu.

◆

LÄHDE: *STEPS TO KNOWLEDGE—CONTINUATION TRAINING*

Vastarinta

&

Voimaantuminen

◆

VASTARINTA &
VOIMAANTUMINEN

Kontaktin Etiikka

◆

J oka käänteessä Liittolaiset rohkaisevat meitä ottamaan aktiivisen roolin maailmassamme nyt tapahtuvan maapallon ulkopuolisen Intervention tunnistamisessa ja vastustamisessa. Tähän kuuluu oikeuksiemme ja prioriteettiemme tunnistaminen maailman alkuperäisasukkaina sekä omien Kanssakäymisen Sääntöjemme laatiminen koskien kaikkia tämänhetkisiä ja tulevaisuuden kontakteja muiden olentojen rotujen kanssa.

Luonnollinen maailma ja ihmiskunnan historia havainnollistavat meille kattavasti intervention opetuksia: että kilpailu resursseista on olennainen osa luontoa, että puuttuminen toisen kulttuurin asioihin tapahtuu aina itsekkäistä syistä ja sillä on tuhoisa vaikutus siihen kulttuuriin ja löydettyjen ihmisten vapauteen, ja että vahvat hallitsevat aina heikkoja, jos voivat.

Vaikka on kuviteltavissa, että ne maailmassamme vierailevat maapallon ulkopuoliset rodut saattavat olla poikkeus yllämainitusta säännöstä, tällainen poikkeus pitäisi pystyä vedenpitävästi todistamaan antamalla ihmiskunnalle oikeus arvioida mikä tahansa vierailuehdotus. Tätä ei todellakaan ole tapahtunut. Sen sijaan ihmiskunnan tähänastinen kokemus kontaktista on ollut sellainen, että auktoriteettiamme ja omistusoikeuttamme tämän maailman alkuperäisasukkaina ei ole kunnioitettu. "Vierailijat" ovat ajaneet omaa agendaansa välittämättä ihmiskunnan hyväksynnästä tai informoidusta osallistumisesta.

Kuten sekä Ihmiskunnan Liittolaisten Tiedonannot että suuri osa UFO-tutkimuksesta selkeästi osoittavat, eettinen kontakti ei ole käynnissä. Vaikka vieraan rodun olisi soveliasta jakaa kanssamme kokemuksiaan ja viisauttaan kaukaa käsin, kuten Liittolaiset ovat tehneet, ei käy päinsä rotujen tulla tänne kutsumatta ja sekaantua ihmisten asioihin, ei edes sillä varjolla, että he olisivat auttamassa meitä. Ottaen huomioon ihmiskunnan nykyisen kehitysasteen nuorena rotuna tämä ei ole eettisesti oikein.

Ihmiskunnalla ei ole ollut mahdollisuutta vakiinnuttaa omia Kanssakäymisen Sääntöjään tai asettaa rajoja, joita jokaisen alkuperäisrodun täytyy asettaa oman turvallisuutensa takia. Tämän tekeminen edistäisi ihmiskunnan yhtenäisyyttä ja yhteistyötä, sillä kansakuntien ja ihmisten täytyisi työskennellä yhdessä tämän saavuttamiseksi. Tämä toimenpide edellyttäisi tietoisuutta siitä, että olemme yksi ihmiskunta jakamassa yhtä planeettaa, että emme ole yksin maailmankaikkeudessa ja että ulkorajamme avaruuteen pitää muodostaa ja niitä pitää suojella. Murheellista on, että tätä välttämätöntä kehitysprosessia yritetään kiertää tällä hetkellä.

Liittolaisten Tiedonannot lähetettiin rohkaisemaan ihmiskunnan valmistautumista elämän realiteetteihin Suuryhteisössä. Todellakin Liittolaisten viesti ihmiskunnalle on demonstraatio siitä, mitä eettinen kontakti oikeasti on. He ylläpitävät koskemattomuuden lähestymismallia kunnioittaen meidän luontaisia kykyjämme ja määräämisoikeuttamme samalla rohkaisten siihen vapauteen ja yhtenäisyyteen, joita ihmissuku tulee tarvitsemaan luoviakseen Suuryhteisössä tulevaisuudessaan. Vaikka moni ihminen tänään epäilee onko ihmiskunnalla vahvuutta ja eheyttä kohdata omia tarpeitaan ja haasteitaan tulevaisuudessa, vakuuttavat Liittolaiset meille, että tämä vahvuus, Tietouden henkinen vahvuus, asuu meissä kaikissa ja meidän täytyy sitä omasta puolestamme käyttää.

Valmistautuminen ihmiskunnan astumiseen Suuryhteisöön on annettu. Kaksi kokoelmaa Ihmiskunnan Liittolaisten Tiedonantoja ja Suuryhteisön Tietouden Tien kirjat ovat saatavilla lukijoille kaikkialla. Niitä voi selailla AlliesofHumanity.org/fi ja NewMessage.org/fi internetsivuilla. Yhdessä ne tarjoavat keinoja Intervention torjumiseen ja kohtaamaan tulevaisuutemme muuttuvassa maailmassa avaruuden kynnyksellä. Tämä valmistautuminen on ainoa laatuaan maailmassa tänään. Se on juuri se valmistautuminen, jota Liittolaiset ovat niin painokkaasti nähneet tarpeelliseksi.

Vastauksena Liittolaisten Tiedonannoille ryhmä omistautuneita lukijoita on kirjoittanut asiakirjan nimeltä "Ihmiskunnan Suvereniteetin Julistus" (engl. the Declaration of Human Sovereignty). Amerikan Itsenäisyysjulistuksesta mukailtuna Ihmiskunnan Suvereniteetin Julistus luo perusteet kontaktin etiikalle ja kanssakäymisen säännöille, joita me tämän maailman alkuperäisasukkaina kipeästi tarvitsemme säilyttääksemme ihmiskunnan vapauden ja itsemääräämisoikeuden. Maailman alkuperäisasukkaina meillä on oikeus ja vastuu määrittää milloin ja miten vierailu tapahtuu ja ketkä voivat tulla maailmaamme. Meidän on saatettava kaikkien olemassaolostamme tietoisten maailmankaikkeuden kansakuntien ja ryhmien tietoon, että meillä on itsemääräämisoikeus ja aikomuksemme on harjoittaa oikeuksiamme ja vastuitamme vapaiden ihmisten orastavana rotuna Suuryhteisössä. Ihmiskunnan Suvereniteetin Julistus on alku ja se on luettavissa internetissä osoitteessa www.humansovereignty.org/fi.

VASTARINTA &
VOIMAANTUMINEN

Toimenpiteisiin ryhtyminen – Mitä voit tehdä

◆

Liittolaiset pyytävät meitä ryhtymään vastuuseen maailman hyvinvoinnista ja, olennaisesti, tulemaan itse ihmiskunnan liittolaisiksi. Kuitenkin ollakseen todellista tämän sitoutumisen on tultava sydämestämme, meidän syvimmästä osastamme. On olemassa monta asiaa, mitä voit tehdä torjuaksesi Intervention ja tullaksesi positiiviseksi voimaksi vahvistamalla itseäsi ja muita ympärilläsi.

Jotkut lukijoista ovat ilmaisseet toivottomuuden tunteita luettuaan Liittolaisten materiaalin. Jos tämä on sinun kokemuksesi, on tärkeää muistaa, että Intervention tavoite on vaikuttaa sinuun juuri siten, että olet joko hyväksyvä ja toiveikas tai tunnet itsesi avuttomaksi ja kykenemättömäksi kohtaamaan heidän läsnäolonsa. Älä anna näiden tuntemusten vaikuttaa sinuun. Löydät voimasi tekemällä asialle jotain. Mitä sitten voit todellisuudessa tehdä? On paljonkin mitä voit tehdä.

◆

Opiskele itse.

Valmistautumisen täytyy alkaa tiedostamisella ja opiskelulla. Sinulla täytyy olla ymmärrys siitä, minkä kanssa olet tekemisissä.

Opiskele UFO-ilmiötä. Opiskele astronomian uusimpia löytöjä (erityisesti eksoplaneettojen osalta) ja astrobiologiaa.

SUOSITELTAVAA LUKEMISTA
....

• Katso "Täydentävät resurssit" liitteistä.

◆

Vastusta Rauhoittamisohjelman vaikutusta.

Vastusta Rauhoittamisohjelmaa (engl. Pacification Program). Vastusta vaikuttamista, joka tekee sinusta voimattoman ja passiivisen omalle Tietoudellesi. Vastusta Interventiota lisäämällä tietoisuutta, puhumalla siitä ja lisäämällä ymmärrystä. Kannata ihmiskunnan yhteistyötä, yhtenäisyyttä ja eheyttä.

SUOSITELTAVAA LUKEMISTA
....

• *Greater Community Spirituality*, Chapter 6: "What is the Greater Community?" and Chapter 11: "What Is Your Preparation For?"

• *Living The Way of Knowledge*, Chapter 1: "Living in an Emerging World"

◆

Tule tietoiseksi mentaalisesta ympäristöstä.

Mentaalinen ympäristö on ajatuksen ja vaikuttamisen ympäristö, jossa kaikki elämme. Sen vaikutus ajatteluumme, tunteisiimme ja tekoihimme on jopa suurempi kuin fyysisen ympäristön vaikutus. Mentaalinen ympäristö on nyt Intervention suoran vaikuttamisen kohteena. Siihen vaikuttavat myös poliittiset ja kaupalliset intressit kaikkialla ympärillämme. Tuleminen tietoiseksi mentaalisesta ympäristöstä on elintärkeää, jotta voi ylläpitää omaa vapauttaan ajatella vapaasti ja selkeästi. Tässä ensimmäinen askel on valita tietoisesti kuka ja mikä vaikuttaa ajatteluusi ja päätöksiisi kaikesta ulkopuolelta käsin tulevasta. Tämä sisältää mm. mediat, kirjat, taivuttelevat ystävät, perheen ja auktoriteetit. Aseta itsellesi omat ohjenuorat ja opettele, kuinka voit selkeästi ja objektiivisesti huomata, mitä muut ihmiset, ja jopa koko kulttuurisi kertovat sinulle. Meidän kaikkien on opeteltava tietoisesti erottamaan näitä vaikutuksia voidaksemme suojella ja kohentaa sitä mentaalista ympäristöä, jossa elämme.

SUOSITELTAVAA LUKEMISTA
....

* Wisdom from the Greater Community Volume II, Chapter 12: "Self-expression and the Mental Environment" and Chapter 15: "Responding to the Greater Community"

◆

Opiskele Suuryhteisön Tietouden Tietä.

Suuryhteisön Tietouden Tien opiskelu vie sinut suoraan kontaktiin syvempään henkiseen mieleen, jonka kaiken elämän Luoja on asettanut sinuun. Tällä syvemmällä mielen tasolla, Tietouden tasolla, älyn ulottumattomissa, olet suojassa sekä maallisen että maapallon ulkopuolisen vallan häirinnältä ja manipuloinnilta. Tietous pitää sisällään myös sinun suuremman henkisen tarkoituksesi, jonka vuoksi olet tullut tähän maailmaan näinä aikoina. Se on todellisen henkisyytesi keskus. Voit aloittaa matkasi Suuryhteisön Tietouden Tiellä aloittamalla Askeleiden opettelun jo tänään lataamalla Steps to Knowledge -kirjan internetistä osoitteesta www.newmessage.org.

SUOSITELTAVAA LUKEMISTA

- *Greater Community Spirituality*, Chapter 4: "What is Knowledge?"
- *Living The Way of Knowledge*: All chapters
- Study of *Steps to Knowledge*: The Book of Inner Knowing

◆

Muodosta Liittolaisten lukupiiri.

Luodaksesi positiivisen ympäristön, jossa Liittolaisten materiaalia voidaan syvällisesti pohtia, muodosta yhdessä muiden kanssa Liittolaisten lukupiiri. Olemme huomanneet, että kun ihmiset lukevat Liittolaisten Tiedonantoja ja Suuryhteisön Tietouden Tien kirjoja toisilleen ääneen turvallisessa ryhmätilanteessa, ja saavat vapaasti jakaa kysymyksiä ja oivalluksia, heidän ymmärryksensä materiaalista kasvaa huomattavasti. Tämä on yksi tapa, jolla voit alkaa etsiä muita, jotka jakavat kanssasi tietoisuuden ja halun tietää totuus Interventiosta. Aloittaa voi vain yhdenkin henkilön kanssa.

SUOSITELTAVAA LUKEMISTA

- *Wisdom from the Greater Community Volume II*, Chapter 10: "Greater Community Visitations," Chapter 15: "Responding to the Greater Community," Chapter 17: "Visitors' Perceptions of Humanity," ja Chapter 28: "Greater Community Realities"
- *The Allies of Humanity Book Two*: All chapters.

◆

Säästä ja suojele ympäristöä.

Joka päivä opimme yhä enemmän tarpeesta säästää, suojella ja palauttaa luonnollista ympäristöämme. Vaikka Interventiota ei olisi olemassa, tämä olisi silti ensisijaista. Kuitenkin Liittolaisten viesti antaa meille uutta pontta ja uutta ymmärrystä tarpeestamme luoda kestävä käyttötapa maailmamme luonnonvaroille. Tule tietoiseksi siitä, miten elät ja mitä kulutat, ja löydä keinoja, joilla voit tukea ympäristöä. Kuten Liittolaiset korostavat, omavaraisuutemme ihmisrotuna on välttämätöntä vapautemme ja edistymisemme turvaamiseksi älyllisen elämän Suuryhteisössä.

SUOSITELTAVAA LUKEMISTA
....

* *Wisdom from the Greater Community Volume I*, Chapter 14: "World Evolution"
* *Wisdom from the Greater Community Volume II*, Chapter 25: "Environments"

◆

Levitä sanaa
Ihmiskunnan Liittolaisten Tiedonannoista.

Tiedon jakaminen muille Liittolaisten viestistä on ratkaisevan tärkeää seuraavista syistä:

— Autat rikkomaan puuduttavan hiljaisuuden, joka ympäröi tätä todellisuutta ja Maan ulkopuolisen intervention peikkoa.

— Autat purkamaan eristyneisyyden, joka estää ihmisiä kommunikoimasta keskenään tästä suuresta haasteesta.

— Herätät ne, jotka ovat joutuneet Rauhoitusohjelman vaikutuksen alaisiksi, antaen heille mahdollisuuden käyttää omaa mieltään arvioida uudelleen tämän ilmiön merkitystä.

— Vahvistat määrätietoisuutta itsessäsi ja muissa olla antautumatta joko pelolle tai välttelylle tämän aikamme suuren haasteen kohtaamisessa.

— Tuot vahvistuksen muiden ihmisten omille oivalluksille ja Tietoudelle Interventiosta.

— Autat vakiinnuttamaan vastarintaa, joka voi torjua Intervention ja voimaannuttaa ihmiskunnan yhtenäisyyttä ja vahvuutta, joka voi antaa ihmiskunnalle yhtenäisyyttä ja voimaa asettaa omat Kanssakäymisen Sääntömme.

TÄSSÄ ON JOITAKIN KONKREETTISIA ASKELEITA, JOITA VOIT OTTAA TÄNÄÄN:

— Jaa tämä kirja ja sen viesti muiden kanssa. Koko ensimmäinen kokoelma tiedonantoja on nyt luettavissa ja ladattavissa ilmaiseksi Liittolaisten internet-sivuilta: www.alliesofhumanity.org/fi.

— Lue Ihmiskunnan Suvereniteetin Julistus ja jaa tämä arvokas dokumentti muiden kanssa. Sen voi lukea ja tulostaa internetissä osoitteessa http://humansovereignty.org/fi.

— Rohkaise paikallista kirjakauppaa ja kirjastoa ottamaan valikoimaansa Liittolaisten Tiedonantojen kaikki osat ja muita Marshall Vian Summersin kirjoja. Tämä lisää materiaalin saatavuutta lukijoille.

— Jaa Liittolaisten materiaalia ja näkökulmaa internetin foorumeissa ja keskusteluryhmissä silloin kun se on soveliasta.

— Osallistu asiaan liittyviin konferensseihin sekä kokoontumisiin ja jaa Liittolaisten näkökulmaa.

— Käännä Liittolaisten Tiedonannot. Jos olet kielitaitoinen, harkitse apuasi Tiedonantojen kääntämisessä saattaaksesi ne useamman lukijan saataville ympäri maailmaa.

— Ota yhteys New Knowledge Library:iin saadaksesi ilmaisen Liittolaisten kampanjointipaketin materiaalilla, joka auttaa sinua jakamaan tätä viestiä.

SUOSITELTAVAA LUKEMISTA

- *Living The Way of Knowledge*, Chapter 9: "Sharing The Way of Knowledge with Others"
- *Wisdom from The Greater Community Volume II*, Chapter 19: "Courage"

◆

Tämä ei lainkaan ole täydellinen lista. Se on lähinnä alku. Katso omaa elämääsi ja näe, mitä mahdollisuuksia siellä voi olla ja ole avoin omalle Tietoudellesi ja oivalluksillesi tässä asiassa. Ylläolevien asioiden lisäksi ihmiset ovat löytäneet luovia tapoja Ihmiskunnan Liittolaisten viestin ilmaisemiseen taiteen, musiikin ja runouden kautta. Löydä oma tapasi.

VIESTI
MARSHALL VIAN SUMMERSILTA

◆

25 vuotta olen syventynyt uskonnolliseen kokemukseen. Tämä on johtanut minut vastaanottamaan laajan kokoelman kirjoituksia ihmisen hengellisyyden luonteesta ja ihmiskunnan kohtalosta maailmankaikkeuden älyllisen elämän laajemmassa panoraamassa. Nämä kirjoitukset, jotka on sisällytetty Suuryhteisön Tietouden Tien opetuksiin, sisältävät teologisen viitekehyksen, joka huomioi elämän ja Jumalan läsnäolon Suuryhteisössä, siinä valtavan laajassa avaruudessa ja ajassa, jonka tiedämme olevan universumimme.

Se kosmologia, jota olen vastaanottanut, sisältää monta sanomaa, joista yksi on se, että ihmiskunta on nousemassa älyllisen elämän Suuryhteisöön ja tähän meidän on valmistauduttava. Luontaista tälle sanomalle on se ymmärrys, että ihmiskunta ei ole yksin maailmankaikkeudessa eikä edes yksin meidän omassa maailmassamme ja että tässä Suuryhteisössä ihmiskunnalla on ystäviä, kilpailijoita ja vastustajia.

Tämä laajempi todellisuus vahvistui dramaattisesti yhtäkkisessä ja odottamattomassa Ihmiskunnan Liittolaisten Tiedonantojen ensimmäisen kokoelman lähetyksessä 1997. Kolme vuotta aiemmin vuonna 1994 olin vastaanottanut teologisen viitekehyksen Liittolaisten Tiedonantojen sisäistämiseen, joka on kirjassani *Greater Community Spirituality: A New Revelation*. Silloin henkisen työn ja kirjoituksien tuloksena tulin tietoiseksi siitä, että ihmiskunnalla on liittolaisia maailmankaikkeudessa, jotka ovat huolissaan rotumme hyvinvoinnista ja vapaudesta tulevaisuudessa.

Siihen kosmologiseen tietoon, joka minulle paljastettiin, sisältyy ymmärrys, että maailmankaikkeuden älyllisen elämän historiassa eettisesti edistyneillä roduilla on velvollisuus antaa viisautensa perintönä sellaisille nuorille orastaville roduille kuin ihmiskunta ja tämän perinnön jaon pitää tapahtua ilman suoraa sekaantumista kyseisen nuoren rodun asioihin. Aikomuksena tässä on tiedonanto ei sekaantuminen. Tämä "viisauden välittäminen" edustaa pitkään olemassa ollutta eettistä kehystä koskien ulkopuolista kontaktia orastaviin rotuihin ja kuinka se toteutetaan. Ihmiskunnan Liittolaisten Tiedonannot ovat malliesimerkki väliintulosta pidättäytymisestä ja eettisestä kontaktista. Tämän malliesimerkin pitäisi olla meitä opastava valo ja standardi, jota meidän pitäisi edellyttää muilta maapallon ulkopuolisilta roduilta, jotka yrittävät ottaa meihin yhteyttä tai vierailla maailmassamme. Ja kuitenkin tämä esimerkki eettisestä kontaktista näyttäytyy selkeänä vastakohtana avaruuden muukalaisten Interventiolle maailmassamme tänään.

Olemme joutumassa äärimmäisen haavoittuvaan asemaan. Luonnonvarojen hupenemisen, ympäristöongelmien lisääntymisen ja ihmissuvun lisääntyvän jakautumisen uhan kasvaessa päivä päivältä olemme kypsiä interventiolle. Elämme näennäisessä eristyneisyydessä rikkaassa ja arvokkaassa maailmassa, jota muut planeettamme rajojen ulkopuolella olevat havittelevat. Olemme hajamielisiä ja jakautuneita emmekä huomaa suurta väliintulon vaaraa ulkorajoillamme. Se on ilmiö, joka on toistunut yhä uudelleen historiassa koskien niiden eristyneiden alkuperäisasukkaiden kohtaloa, jotka kohtasivat ensimmäistä kertaa ulkopuolisen kulttuurin väliintulon. Olemme epärealistisia oletuksissamme maailmankaikkeuden älyllisen elämän voimista ja hyväntahtoisuudesta. Ja olemme vasta alkaneet kantaa vastuuta niistä olosuhteista, jotka olemme itse omaan maailmaamme luoneet.

Epäsuosittu totuus on, että ihmissuku ei ole valmis suoraan maapallon ulkopuoliseen kontaktikokemukseen ja todellakaan se ei ole valmis avaruuden muukalaisten väliintuloon. Meidän on ensin laitettava oma kotimme kuntoon. Meidän lajimme ei ole vielä riittävän kypsä kohtaamaan toisia rotuja Suuryhteisöstä yhtenäisyyden, vahvuuden ja arviointikyvyn tilassa. Ja ennen kuin voimme saavuttaa sellaisen tilan, jos koskaan kykenemme, ei mikään maapallon ulkopuolinen rotu saisi sekaantua asioihimme maailmassamme. Ihmiskunnan Liittolaiset tarjoavat meille hyvin tarpeellista viisautta ja näkökulmaa puuttumatta kuitenkaan meidän asioihimme. He kertovat meille, että kohtalomme on ja tulisi olla omissa käsissämme. Tämä on vapauden taakka maailmankaikkeudessa.

Riippumatta valmiutemme puuttumisesta Interventio on kuitenkin tapahtumassa. Ihmiskunnan täytyy nyt valmistautua tähän: yhteen seuraamuksellisimmista kynnyksistä ihmiskunnan historiassa. Sen sijaan, että olemme vain tämän tapahtuman satunnaisia todistajia, me olemme sen ytimessä. Se on tapahtumassa, olimmepa siitä tietoisia tahi ei. Sillä on voima muuttaa ihmiskunnan tulevaisuutta. Ja se liittyy kaikin tavoin siihen, keitä me olemme ja miksi me olemme maailmassa näinä aikoina.

Suuryhteisön Tietouden Tie on annettu tarjoamaan sekä se opetus että valmistautuminen, joita nyt tarvitsemme kohdataksemme tämän suuren kynnyksen, ihmissuvun sisäisen voiman uudistamiseksi ja ihmissuvun uuden suunnan asettamiseksi. Se puhuu ihmiskunnan yhtenäisyyden ja yhteistyön kiireellisestä tarpeesta; Tietouden, meidän henkisen älymme ensisijaisuudesta; sekä niistä suuremmista vastuista, jotka meidän on nyt kannettava astuessamme avaruuden kynnykselle. Se edustaa Uutta Sanomaa kaiken elämän Luojalta.

Missioni on tuoda tämä laajempi kosmologia ja siihen valmistautuminen maailmaan ja sen myötä uusi toivo sekä mahdollisuus kamppailevalle ihmiskunnalle. Pitkäaikainen valmistautumiseni ja suunnattoman laajat opetukset Suuryhteisön Tietouden Tiestä ovat täällä sitä varten. Ihmiskunnan Liittolaisten Tiedonannot ovat vain pieni osa tätä suurempaa sanomaa. Nyt on aika lopettaa päättymättömät konfliktimme ja valmistautua elämään Suuryhteisössä. Voidaksemme tehdä tämän tarvitsemme uuden ymmärryksen meistä yhtenä ihmissukuna, tämän maailman alkuperäisasukkaina, yhdestä hengellisyydestä syntyneinä, sekä haavoittuvasta asemastamme nuorena ja orastavana rotuna maailmankaikkeudessa. Tämä on minun viestini ihmiskunnalle ja siksi olen tähän maailmaan tullut.

MARSHALL VIAN SUMMERS
2008

Liitteet

◆

TERMIEN SELITYKSET

◆

IHMISKUNNAN LIITTOLAISET: Pieni ryhmä fyysisiä olentoja Suur-yhteisöstä, jotka ovat piilossa maailmamme lähellä, aurinko-kunnassamme. Heidän missionsa on tarkkailla, raportoida ja antaa tietoa meille avaruuden muukalaisten aktiviteeteista ja väliintulosta maailmassamme tänään. He edustavat viisaita monista maailmoista.

VIERAILIJAT: Useat muut avaruuden muukalaisten rodut Suuryh-teisöstä "vierailemassa" maailmassamme ilman meidän lu-paamme aktiivisesti puuttumassa ihmiskunnan asioihin. Vierai-lijat ovat osallisina pitkäkestoisessa prosessissa integroidakseen itsensä osaksi ihmisten suhdeverkostoa ja sielunelämää tarkoi-tuksenaan ottaa valtaansa maailman resurssit ja ihmiset.

INTERVENTIO: Avaruuden muukalaisvierailijoiden läsnäolo, tarkoi-tus ja aktiviteetit maailmassa.

RAUHOITUSOHJELMA: Vierailijoiden suostuttelun ja vaikuttamisen ohjelma, joka tähtää ihmisten tietoisuuden ja arvostelukyvyn lamauttamiseen, jotta ihmiskunnasta tulisi passiivinen ja mu-kautuva Interventiolle.

SUURYHTEISÖ: Avaruus. Suunnaton fyysinen ja henkinen maailmankaikkeus, johon ihmiskunta on astumassa, joka pitää sisällään älyllisen elämän sen lukemattomissa ilmenemismuodoissaan.

NÄKYMÄTTÖMÄT: Ne Luojan Enkelit, jotka valvovat tietoisten olentojen hengellistä kehitystä kaikkialla Suuryhteisössä. Liittolaiset puhuvat heistä "Näkymättöminä."

IHMISEN KOHTALO: Ihmiskunnan kohtalo on astua Suuryhteisöön. Tämä on meidän kehityspolkumme.

KOLLEKTIIVIT: Monimutkaiset hierarkkiset organisaatiot, jotka koostuvat useista avaruuden muukalaisroduista ja joita yhdistää yhteinen alamaisuus ja kuuliaisuus. Maailmassa on tänään useampi kuin yksi kollektiivi, joihin avaruuden muukalaisvierailijat kuuluvat. Näillä kollektiiveilla on kilpailevia agendoja.

MENTAALINEN YMPÄRISTÖ: Ajatuksen ja mielten vaikuttamisen ympäristö.

TIETOUS: Henkinen äly, joka elää kaikissa ihmisissä. Kaiken tietämämme lähde. Luontainen ymmärrys. Ikuinen viisaus. Meissä oleva ajaton osa, johon ei voi vaikuttaa, jota ei voi manipuloida tai korruptoida. Kaikessa älyllisessä elämässä oleva potentiaali. Tietous on Jumala sinussa ja Jumala on kaikki Tietous maailmankaikkeudessa.

OIVALLUKSEN TIET: Erilaisia opetuksia Tietouden Tiestä, joita opetetaan monissa maailmoissa Suuryhteisössä.

SUURYHTEISÖN TIETOUDEN TIE: Hengellinen opetus Luojalta, jota harjoitetaan monissa paikoissa Suuryhteisössä. Se opettaa kuinka Tietoutta voidaan kokea ja ilmaista ja kuinka yksilöllistä vapautta ylläpidetään maailmankaikkeudessa. Tämä opetus on lähetetty tänne valmistamaan ihmiskunta Suuryhteisön elämän realiteetteihin.

KOMMENTTEJA
IHMISKUNNAN LIITTOLAISISTA

◆

Olin hyvin vaikuttunut Ihmiskunnan Liittolaisista . . . sillä viesti kuulostaa todelta. Tutkahavainnot, laskeutumisjäljet maassa, videonauhat ja filmit osoittavat kaikki ufojen olevan todellisia. Nyt meidän on syvennyttävä todelliseen kysymykseen eli niissä matkustavien agendaan. Ihmiskunnan Liittolaiset kohtaa tämän aiheen voimallisesti, mikä saattaa osoittautua kriittiseksi ihmiskunnan tulevaisuudelle."

— JIM MARRS,
Alien Agenda and Rule by Secrecy -kirjan kirjoittaja.

Vuosikymmenien kanavointi- ja UFO-tutkimusteni valossa vastineeni Summersiin kanavoijana ja hänen raportoitujen lähteidensä viestiin tässä kirjassa on hyvin positiivinen. Hänen eheytensä ihmisenä, sieluna ja todellisena kanavoijana on tehnyt minuun syvän vaikutuksen. Heidän viestillään ja olemuksellaan sekä Summers että hänen lähteensä demonstroivat vakuuttavasti minulle todellista asennetta muiden palvelemiseen sen kaiken itsensä palvelemisen keskellä, joka ihmisillä ja jopa maapallon ulkopuolisilla vallitsee. Vaikkakin äänensävyltään vakava ja varoittava, innostaa tämän

kirjan viesti sieluani antamalla toivoa niistä ihmeistä, jotka ro-
tuamme odottavat liittyessämme Suuryhteisöön. Samanaikaisesti
meidän täytyy löytää ja saada yhteys syntymässä saatuun suhtee-
seemme Luojaamme varmistaaksemme, ettei meitä aiheettomasti
manipuloida tai käytetä hyväksi tämän Suuryhteisön joidenkin jä-
senten toimesta."

— JON KLIMO,
Channeling: Investigations on
Receiving Information from
Paranormal Sources -kirjan
kirjoittaja

30 vuotta UFO-ilmiön ja ihmisten sieppausten tutkimusta on ollut
kuin jättimäisen palapelin kokoamista. Teidän kirjanne antoi mi-
nulle viimeinkin viitekehyksen jäljellä olevien palojen sovittami-
seen."

— ERICK SCHWARTZ,
LCSW, Kalifornia

Onko maailmankaikkeudessa ilmaisia lounaita? Ihmiskunnan
Liittolaiset muistuttaa meitä mitä voimallisimmin, että ei ole."

— ELAINE DOUGLASS,
MUFON, Utah

Liittolaiset tulevat saamaan suurta vastakaikua espanjankielisessä väestössä ympäri maailmaa. Voin taata tämän! Niin monet ihmiset eikä vain minun maassani, taistelevat oikeuksiensa puolesta säilyttääkseen kulttuurinsa! Teidän kirjanne vain vahvistavat sen, mitä he ovat yrittäneet kertoa meille niin monin tavoin, niin kauan aikaa."

—INGRID CABRERA, Meksiko

Tämä kirja resonoi syvästi minussa. Minulle [*Ihmiskunnan Liittolaiset*] ei ole vähempää kuin mullistava. Arvostan niitä voimia, maallisia ja muita, jotka ovat synnyttäneet tämän kirjan, ja rukoilen, että sen kiireellinen varoitus huomioidaan."

—RAYMOND CHONG, Singapore

Suuri osa Liittolaisten materiaalista on linjassa sen kanssa mitä olen oppinut, tai tunnen vaistonvaraisesti olevan totta."

— TIMOTHY GOOD, brittiläinen
UFO-tutkija ja
Beyond Top Secret and Unearthly Disclosure -kirjan kirjoittaja

LISÄOPISKELU

◆

*I*HMISKUNNAN *LIITTOLAISET* käsittelee perustavanlaatuisia
kysymyksiä todellisuudesta, luonnosta ja Maan ulkopuolisten läs-
näolon tarkoituksesta maailmassa tänään. Kuitenkin tämä kirja
nostaa monia lisäkysymyksiä, joita täytyy selvittää lisäopiskelulla.
Sellaisenaan se palvelee suuremman tietoisuuden katalysaattorina
ja kutsuna toimintaan.

Oppiakseen lisää lukija voi seurata kahta mahdollista tietä joko
erikseen tai yhdessä. Ensimmäinen tie on UFO-ilmiön opiskelemi-
nen, joka on laajasti dokumentoitu viimeisen neljän vuosikymme-
nen aikana eri näkökulmia edustavien tutkijoiden toimesta. Seuraa-
villa sivuilla olemme listanneet muutamia tärkeitä lähdemateriaa-
leja tästä aiheesta, joiden katsomme olevan erityisen relevantteja
Liittolaisten materiaalin kannalta. Rohkaisemme kaikkia lukijoita
syventymään enemmän tähän ilmiöön.

Toinen tie on niille lukijoille, jotka haluavat tutkia tämän ilmiön
hengellistä merkitystä ja mitä voi henkilökohtaisesti tehdä valmis-
tautuakseen. Tähän tarkoitukseen suosittelemme Marshall Vian
Summersin kirjoituksia, jotka on listattu seuraavilla sivuilla.

Pysyäksesi ajan tasalla Ihmiskunnan Liittolaisten uudesta materi-
aalista käy nettisivuilla osoitteessa: www.alliesofhumanity.org/fi. Saa-
daksesi lisää tietoa Suuryhteisön Tietouden Tiestä (engl. The Greater

Community   Way   of   Knowledge)   käy   osoitteessa:
www.newmessage.org/fi.

TÄYDENTÄVÄT RESURSSIT

◆

Alla on alustava lista UFO-ilmiöön liittyvästä materiaalista. Sen ei ole tarkoitus olla millään muotoa kattava kirjallisuuslista aiheesta. Kun tutkimuksesi tämän ilmiön todellisuuteen on alkanut, tulet löytämään yhä enemmän materiaalia tutkittavaksi sekä näistä että muista lähteistä. Arvostelukyky on aina suositeltavaa.

KIRJAT

Berliner, Don: *UFO Briefing Document*, Dell Publishing, 1995.

Bryan, C.D.B.: *Close Encounters of the Fourth Kind: Alien Abduction, UFOs and the Conference at MIT*, Penguin, 1996.

Dolan, Richard: *UFOs and the National Security State: Chronology of a Coverup, 1941-1973*, Hampton Roads Publishing, 2002.

Fowler, Raymond E.: *The Allagash Abductions: Undeniable Evidence of Alien Intervention*, 2nd Edition, Granite Publishing, LLC, 2005.

Good, Timothy: *Unearthly Disclosure*, Arrow Books, 2001.

Grinspoon, David: *Lonely Planets: The Natural Philosophy of Alien Life*, Harper Collins Publishers, 2003.

Hopkins, Budd: *Missing Time*, Ballantine Books, 1988.

Howe, Linda Moulton: *An Alien Harvest*, LMH Productions, 1989.

Jacobs, David: *The Threat: What the Aliens Really Want*, Simon & Schuster, 1998.

Mack, John E.: *Abduction: Human Encounters with Aliens*, Charles Scribner's Sons, 1994.

Marrs, Jim: *Alien Agenda: Investigating the Extraterrestrial Presence Among Us*, Harper Collins, 1997.

Sauder, Richard: *Underwater and Underground Bases*, Adventures Unlimited Press, 2001.

Turner, Karla: *Taken: Inside the Alien-Human Abduction Agenda*, Berkeley Books, 1992.

DVDt

The Alien Agenda and the Ethics of Contact with Marshall Vian Summers, MUFON Symposium, 2006. Available through New Knowledge Library.

The ET Intervention and Control in the Mental Environment, with Marshall Vian Summers, Conspiracy Con, 2007. Available through New Knowledge Library.

Out of the Blue: The Definitive Investigation of the UFO Phenomenon, Hanover House, 2007.

NETTISIVUT

www.humansovereignty.org/fi

www.alliesofhumanity.org/fi

www.newmessage.org/fi

OTTEITA SUURYHTEISÖN
TIETOUDEN TIEN KIRJOISTA

◆

"Et ole pelkästään ihmisyksilö tässä yhdessä maailmassa. Olet maailmojen Suuryhteisön kansalainen. Tämä on se fyysinen maailmankaikkeus, jonka tunnistat aistiesi kautta. Se on paljon suurempi kuin nyt pystyt käsittämään... Olet suuremman fyysisen universumin asukas. Tämä ei kata ainoastaan Juuriasi ja Perintöäsi, vaan myös tarkoituksesi elämässä tähän aikaan, sillä ihmiskunnan maailma on kasvamassa sisään maailmojen Suuryhteisön elämään. Tämä on sinulla tiedossasi, vaikka uskomuksesi eivät vielä kenties sitä sisälläkään."

> — *Steps to Knowledge:*
> Step 187: I am a citizen of the
> Greater Community of Worlds
> (Olen Maailmojen
> Suuryhteisön kansalainen)

"Olet tullut maailmaan suuressa käännekohdassa, käännekohdassa josta vain osan näet omana elinaikanasi. Se on käännekohta, jossa maailmasi saa yhteyden sen läheisyydessä oleviin maailmoihin. Tämä on ihmiskunnan luonnollinen kehityskulku, sillä se on kaiken älyllisen elämän luonnollinen kehityskulku kaikissa maailmoissa."

> — *Steps to Knowledge:*
> Step 190: The world is
> emerging into the Greater
> Community of worlds and that
> is why I have come
> (Maailma on astumassa
> maailmojen Suuryhteisöön
> ja siksi olen tullut)

"Teillä on suuria ystäviä tämän maailman ulkopuolella. Siksi ihmiskunta pyrkii astumaan Suuryhteisöön, koska Suuryhteisö edustaa sille laajempaa todellisten suhteiden kenttää. Sinulla on todellisia ystäviä tämän maailman ulkopuolella, koska et ole yksin maailmassa, etkä ole yksin maailmojen Suuryhteisössä. Sinulla on todellisia ystäviä tämän maailman ulkopuolella, koska Henkisellä Perheelläsi on edustajia kaikkialla. Sinulla on ystäviä tämän maailman ulkopuolella, koska et työskentele pelkästään oman maailman kehittämiseksi, vaan myös koko universumin kehityksen vuoksi. Mielikuvituksesi tuolla puolen, käsitteellisten kykyjesi tuolla puolen, tämä on mitä varmimmin totta."

> — *Steps to Knowledge:*
> Step 211: I have great friends
> beyond this world.
> (Minulla on suuria ystäviä
> tämän maailman ulkopuolella)

"Älä reagoi toiveikkuudella. Älä reagoi pelokkuudella. Vastaa Tietouden kanssa."

> — *Wisdom from the Greater Community Volume II*
> Chapter 10: Greater Community Visitations (Suuryhteisön vierailut)

"Miksi tämä on tapahtumassa?" Tiede ei pysty vastaamaan tähän. Järki ei pysty vastaamaan tähän. Toiveajattelu ei pysty vastaamaan tähän. Pelokas itsesuojelu ei pysty vastaamaan tähän. Mikä voi vastata tähän? Sinun täytyy kysyä tätä erilaisen mielen kanssa, nähdä tämä erilaisten silmien kautta ja saada tässä erilainen kokemus."

> — *Wisdom from the Greater Community Volume II*
> Chapter 10: Greater Community Visitations (Suuryhteisön vierailut)

Nyt on ajateltava Suuryhteisön Jumalaa – ei ihmismäistä Jumalaa, ei kirjoitetun historianne Jumalaa, ei koettelemuksienne ja haasteidenne Jumalaa, vaan kaikkien aikojen, rotujen, dimensioiden Jumalaa, alkukantaisten, edistyneiden, laillasi ajattelevien ja niiden jotka ajattelevat niin eri lailla, niiden jotka uskovat ja niiden joille usko on käsittämätöntä. Tämä on Suuryhteisön Jumala. Ja tästä sinun täytyy aloittaa."

> — *Greater Community Spirituality*
> Chapter 1: What is God? (Mikä on Jumala?)

"Sinua tarvitaan maailmassa. On aika valmistautua. On aika tulla määrätietoiseksi ja päättäväiseksi. Tästä ei ole pakotietä, sillä vain he, jotka ovat kehittyneitä Tietouden Tiellä ovat kyvykkäitä tulevaisuudessa ja pystyvät ylläpitämään vapautensa mielten ympäristössä, joka tulee lisääntyvässä määrin olemaan Suuryhteisön vaikutuksen alainen."

> — *Living The Way of Knowledge:*
> Chapter 6: The Pillar of
> Spiritual Development
> (Hengellisen kehityksen pilari)

"Nyt ei ole sankareita. Ei ole ketään palvottavaksi. On perustan rakentamista. On työtä tehtäväksi. On suoritettava valmistautuminen. Ja on maailma, jota on palveltava."

> — *Living The Way of Knowledge:*
> Chapter 6: The Pillar of
> Spiritual Development
> (Hengellisen kehityksen pilari)

"Suuryhteisön Tietouden Tie esitellään maailmalle, jossa se on tuntematon. Sillä ei ole historiaa tai taustaa täällä. Ihmiset eivät ole tottuneet siihen. Se ei välttämättä istu heidän ajatuksiinsa, uskomuksiinsa tai odotuksiinsa. Se ei muotoudu tämänhetkisen uskonnollisen ymmärryksen mukaiseksi. Se tulee paljaassa muodossa – ilman rituaaleja ja komeita seremonioita, ilman vaurautta ja yltäkylläisyyttä. Se tulee puhtaasti ja yksinkertaisesti. Se on maailmassa kuin lapsi. Se vaikuttaa haavoittuvalta, ja silti se edustaa Suurempaa Todellisuutta ja suurempaa toivoa ihmiskunnalle."

— *Greater Community Spirituality:*
Chapter 22: Where can
Knowledge be found?
(Mistä Tietouden voi löytää)

"Suuryhteisössä on niitä, jotka ovat teitä vahvempia. He voivat olla teitä ovelampia, mutta vain jos ette katso. He voivat vaikuttaa mieleenne, mutta he eivät voi kontrolloida sitä, jos olette Tietouden kanssa."

— *Living The Way of Knowledge:*
Chapter 10: Being Present
in the World
(Oleminen läsnä maailmassa)

"Ihmiskunta asuu hyvin suuressa talossa. Osa talosta on tulessa. Ja muut ovat käymässä täällä selvittämässä, miten palon voisi sammuttaa heidän hyödykseen."

— *Living The Way of Knowledge:*
Chapter 11: Preparing for the Future
(Tulevaisuuteen valmistautuminen)

"Mene ulos pilvettömänä yönä ja katso ylös. Siellä on kohtalosi. Siellä ovat vaikeutesi. Siellä ovat mahdollisuutesi. Siellä on vapautuksesi."

— Greater Community Spirituality:
Chapter 15: Who Serves Humanity?
(Kuka palvelee ihmiskuntaa?)

"Ette saisi koskaan olettaa, että edistynyt rotu toimii paljon loogisemmin, ellei se ole Tietoudessa vahva. Itse asiassa he saattavat olla yhtä varustautuneita Tietoutta vastaan kuin te itsekin. Vanhat tavat, rituaalit, rakenteet ja auktoriteetit täytyy haastaa Tietouden todisteilla. Siksi jopa Suuryhteisössä Tietouden mies tai nainen on mahtava voima."

— Steps to Knowledge:
Upper Levels

"Pelottomuutesi tulevaisuudessa ei saa olla teennäistä, vaan syntynyt varmuudestasi Tietoudessa. Tällä tavoin olet rauhan satama ja vaurauden lähde muille. Tämä sinun on tarkoitus olla. Siksi olet tullut maailmaan."

— Steps to Knowledge:
Step 162: I will not be afraid today.
(En pelkää tänään)

"Tämä ei ole helppoa aikaa olla maailmassa, mutta jos tarkoituksesi ja aikomuksesi on olla avuksi, se on oikea aika olla maailmassa."

— Greater Community Spirituality:
Chapter 11: What Is Your
Preparation for?
(Mitä varten valmistaudut?)

"Jotta voisit suorittaa missiosi, on sinulla oltava vahvoja liittolaisia, koska Jumala tietää, ettet pysty siihen yksin."

— Greater Community Spirituality:
Chapter 12: Whom Will You Meet?
(Kenet tapaat?)

"Luoja ei jätä ihmiskuntaa vaille Suuryhteisöön valmistautumista. Tätä tarkoitusta varten esitellään Suuryhteisön Tietouden Tie. Se on syntynyt maailmankaikkeuden Suuresta Tahdosta. Sen välittävät universumin Enkelit, jotka palvelevat Tietouden esiintuloa kaikkialla ja jotka viljelevät kaikkialla suhteita, jotka voivat sisältää Tietoutta. Tämä on Pyhän työtä maailmassa, ei siksi että menisit Pyhän luokse, vaan siksi että menisit maailmaan, sillä maailma tarvitsee sinua. Siksi sinut tänne lähetettiin. Siksi olet valinnut tulla. Ja olet valinnut tulla palvelemaan ja tukemaan maailman astumista Suuryhteisöön, sillä se on ihmiskunnan suuri tarve tällä hetkellä, ja tämä suuri tarve ylittää tulevina aikoina kaikki ihmiskunnan tarpeet."

— Greater Community Spirituality:
Introduction (Alkusanat)

KIRJOITTAJASTA

◆

Vaikkakin hän on vähäisesti tunnettu maailmassa tänään, Marshall Vian Summers saatetaan lopulta tunnustaa merkittävimmäksi meidän elinaikanamme nousseeksi hengelliseksi opettajaksi. Yli 20 vuotta hän on hiljaisuudessa kirjoittanut ja opettanut hengellisyyttä, joka tunnustaa sen kiistattoman todellisuuden, että ihmiskunta elää suunnattomassa ja asutussa maailmankaikkeudessa, ja että sen täytyy nyt kiireellisesti valmistautua esille tuloonsa älyllisen elämän Suuryhteisössä.

Marshall Vian Summers opettaa Tietouden tai sisäisen tietämisen oppia. "Syvin intuitiomme," hän sanoo, "on ainoastaan Tietouden suuren voiman yksi ulkoinen ilmaisu." Hänen kirjansa *Steps to Knowledge: The Book of Inner Knowing*, vuonna 2000 "Vuoden henkinen kirja" -palkinnon voittaja Yhdysvalloissa, sekä *Greater Community Spirituality: A New Revelation* muodostavat yhdessä perustan, jota voisi pitää ensimmäisenä "Kontaktin Teologiana". Hänen työnsä kokonaisuus, noin 20 nidettä, joista vain osan on New Knowledge Library julkaissut, voi hyvinkin edustaa yhtä omaperäisintä ja edistyneintä hengellistä opetusta nykyhistoriassa. Hän on myös uskonnollisen voittoa tavoittelemattoman organisaation, Suuryhteisön Tietouden Tien Yhdistyksen, perustaja (engl. The Society for The Greater Community Way of Knowledge).

Ihmiskunnan Liittolaisten myötä Marshall Vian Summersista tulee mahdollisesti ensimmäinen merkittävä hengellinen opettaja, joka antaa selkeän varoituksen maailmassa parhaillaan tapahtuvan Intervention todellisesta luonteesta, kutsuen henkilökohtaiseen vastuuseen, valmistautumiseen ja yhteiseen tietoisuuteen. Hän on omistanut elämänsä Suuryhteisön Tietouden Tien vastaanottamiseen, lahjaan ihmiskunnalle Luojalta. Hän on sitoutunut tuomaan tämän Uuden Sanoman Jumalalta maailmalle. Lukeaksesi Uudesta Sanomasta käy internetissä sivulla www.newmessage.org/fi.

LISÄTIETOA SOCIETYSTA

◆

Suuryhteisön Tietouden Tien Yhdistyksellä (lyh. Society) on suuri missio maailmassa. Ihmiskunnan Liittolaiset ovat tuoneet esille Intervention ongelman ja kaiken, mitä se tarkoittaa. Vastauksena tälle vakavalle haasteelle on tuotu ratkaisu hengellisessä opetuksessa nimeltä Suuryhteisön Tietouden Tie (engl. The Greater Community Way of Knowledge). Tämä opetus tarjoaa sitä Suuryhteisön näkökulmaa ja hengellistä valmistelua, joita ihmiskunta tarvitsee ylläpitääksemme itsemääräämisoikeuttamme ja ottaaksemme menestyksellisesti paikkamme orastavana maailmana älyllisen elämän laajemmassa universumissa.

Societyn missio on esittää tämä Uusi Sanoma ihmiskunnalle julkaisujen, internetsivujen, koulutusohjelmien ja mietiskelyopastuksen ja retriittien kautta. Societyn päämääränä on kehittää Tietouden miehiä ja naisia, jotka ovat ensimmäisiä Suuryhteisöön valmistautumisen pioneereja nykymaailmassa ja aloittavat Intervention vaikutuksen torjumisen. Nämä miehet ja naiset ovat vastuussa Tietouden ja viisauden pitämisessä elossa maailmassa, kun taistelu ihmiskunnan vapaudesta kiihtyy. Societyn perusti Marshall Vian Summers vuonna 1992 uskonnolliseksi, voittoa tavoittelemattomaksi organisaatioksi. Vuosien varrella ryhmä omistautuneita oppilaita on kerääntynyt auttamaan häntä. Societya on tukenut ja ylläpitänyt tämä omistautuneiden oppilaiden ydinryhmä, joka on sitoutunut tuomaan uuden hengellisen tietoisuuden ja valmistelun maailmalle. Societyn missio edellyttää paljon suuremman ihmisjoukon tukea ja osallistumista. Maailman tilanteen vakavuuden huomioiden on olemassa kiireellinen tarve Tietoudelle ja valmistautumiselle. Tämän vuoksi Society kutsuu miehiä ja naisia kaikkialla auttamaan heitä antamaan Uuden Sanoman lahjan maailmalle tässä historiamme kriittisessä käännekohdassa.

Voittoa tavoittelemattomana uskonnollisena yhdistyksenä Societya on tuettu pelkästään vapaaehtoistyöllä, kolehdeilla ja lahjoituksilla. Kuitenkin kasvava tarve tavoittaa ja valmistella ihmisiä ympäri maailmaa ylittää Societyn kyvyn missionsa täyttämiseen. Sinä voit tulla osaksi tätä suurta missiota omalla panoksellasi. Jaa Liittolaisten viestiä muille. Auta kasvattamaan tietoisuutta siitä tosiasiasta, että me olemme yksi ihmiskunta ja yksi maailma astumassa älyllisen elämän suuremmalle areenalle. Ala Tietouden Tien oppilaaksi. Ja jos voit olla lahjoittajan asemassa tälle suurelle pyrkimykselle tai tunnet sellaisen, ota yhteyttä Societyyn. Sinun panostasi tarvitaan nyt mahdollistamaan Liittolaisten kriittisen viestin levittäminen maailmanlaajuisesti ja auttamaan ihmiskunnan suunnan muuttamisessa.

◆

"Sinä olet kynnyksellä ottamassa

vastaan jotain valtavan suurta,

jotain mitä tarvitaan maailmassa—

jotain mitä ollaan siirtämässä

maailmaan ja muokkaamassa

maailmaa varten.

Sinä olet tämän ensimmäisten

vastaanottajien joukossa.

Ota se vastaan hyvin."

GREATER COMMUNITY SPIRITUALITY

THE SOCIETY FOR THE GREATER COMMUNITY
WAY OF KNOWLEDGE

P.O. Box 1724 • Boulder, CO 80306-1724

(303) 938-8401, fax (303) 938-1214

society@newmessage.org

www.alliesofhumanity.org   www.alliesofhumanity.org/fi

www.newmessage.org   www.newmessage.org/fi

KÄÄNNÖSPROSESSISTA

Sanantuoja Marshall Vian Summers on ottanut vastaan uutta Sanomaa Jumalalta vuodesta 1983. Jumalan uusi Sanoma on suurin pyhä Sanoma, joka koskaan on ihmiskunnalle annettu, tällä kertaa annettu lukutaitoiselle globaalin viestinnän ja kasvavan globaalin ymmärryksen maailmalle. Sitä ei ole annettu vain yhdelle heimolle, yhdelle kansakunnalle tai yhdelle uskontokunnalle, vaan saavuttamaan koko maailma. Tätä varten tarvitaan käännöksiä niin monelle kielelle kuin mahdollista.

Pyhän Sanoman ilmestyksenomainen prosessi on paljastettu ensimmäistä kertaa historiassa. Tässä erityislaatuisessa prosessissa Jumalan Läsnäolo kommunikoi sanattomasti Enkelien Yhteisölle, joka valvoo maailmaa. Tämän jälkeen Yhteisö kääntää kommunikaation ihmiskielelle ja ilmaisee kaiken yhteisesti Sanantuojansa kautta, jonka äänestä tulee tämän suuremman Äänen välikappale – Sanoman Ääni. Sanat puhutaan englanniksi ja nauhoitetaan suoraan äänitiedostoksi, ja sen jälkeen ne kirjoitetaan puhtaaksi ja julkaistaan Uuden Sanoman teksteinä ja äänitiedostoina. Tällä tavoin Jumalan alkuperäisen Sanoman puhtaus säilyy ja voidaan antaa kaikille ihmisille.

Ja lisäksi on olemassa myös käännösprosessi. Koska alkuperäinen Sanoma on annettu englanniksi, on tämä perustana kaikille ihmiskunnan kielien käännöksille. Koska maailmassamme puhutaan monia kieliä, ovat käännökset välttämättömiä vietäessä uutta Sanomaa ihmisille kaikkialle. Uuden Sanoman opiskelijat ovat tarttuneet vapaaehtoisesti toimeen kääntääkseen Sanomaa omille äidinkielilleen.

Tässä historian vaiheessa Society ei pysty maksamaan näin laajan Sanoman käännöksistä näin monille kielille – Sanoman, jonka on tavoitettava maailma kriittisen kiireellisesti. Tämän lisäksi Society uskoo myös, että kääntäjiemme on tärkeää olla uuden Sanoman opiskelijoita ymmärtääkseen ja kokeakseen, niin paljon kuin mahdollista, sen ydinolemusta mitä ollaan kääntämässä.

Ottaen huomioon kiireellisyyden ja tarpeen jakaa uusi Sanoma kautta maailman, kutsumme lisää käännösapua parantaaksemme uuden Sanoman tavoitettavuutta maailmassa, tuomaan lisää uutta Sanomaa niille kielille, joissa kääntäminen on jo alkanut ja myös tuomaan uusia kieliä mukaan. Ajan myötä pyrimme myös kehittämään näiden käännösten laatua. On vielä niin paljon tehtävää.

JUMALAN UUDEN SANOMAN KIRJOJA

JUMALA ON PUHUNUT UUDELLEEN

THE ONE GOD

THE NEW MESSENGER

THE GREATER COMMUNITY

GREATER COMMUNITY SPIRITUALITY

STEPS TO KNOWLEDGE

RELATIONSHIPS & HIGHER PURPOSE

LIVING THE WAY OF KNOWLEDGE

LIFE IN THE UNIVERSE

THE GREAT WAVES OF CHANGE

WISDOM FROM THE GREATER COMMUNITY I & II

SECRETS OF HEAVEN

www.ingramcontent.com/pod-product-compliance
Lightning Source LLC
Chambersburg PA
CBHW022021090426

42739CB00006BA/226